Walther Killy

Wandlungen des lyrischen Bildes

8., neu bearbeitete Auflage
Mit einem Vorwort von Dieter Lamping

VANDENHOECK & RUPRECHT

Walther Killy

1917–1995. Dr. phil.; Professor für Deutsche Sprache und Literatur
sowie für vergleichende Literaturwissenschaft in Bern und Göttingen.

Die Deutsche Bibliothek – CIP-Einheitsaufnahme

Killy, Walther:
Wandlungen des lyrischen Bildes / Walther Killy. Mit einem Vorw.
von Dieter Lamping. – 8., neu bearb. Aufl. –
Göttingen: Vandenhoeck und Ruprecht, 1998
(Kleine Reihe V & R; 4008)
ISBN 3-525-34008-7

KLEINE REIHE V&R 4008

(Bisher Kleine Vandenhoeck-Reihe 1022)

Umschlag: Jürgen Kochinke, Holle
Schrift: Concorde regular
Gesamtherstellung: Hubert & Co., Göttingen

Inhalt

Every thing is spoilt by use:
Where's the cheek that doth not fade,
Too much gazed at? Where's the maid
Whose lip mature is ever new?
Where's the eye, however blue,
Doth not weary? Where's the face
One would meet in every place?
Where's the voice, however soft,
One would hear so very oft?
At a touch sweet Pleasure melteth
Like to bubbles when rain peltelh.

John Keats

Terpsichore, eine der neun Musen, galt als zuständig für die Dichtkunst, insbesondere für die chorische Lyrik. Die Abbildung zeigt den Ausschnitt eines römischen Musenmosaiks, das in Trier gefunden wurde.
Original: Rheinisches Landesmuseum Trier; Foto: HB-Verlag, Hamburg.

Vorwort zur 8. Auflage

Walther Killys »Wandlungen des lyrischen Bildes«, 1956 zuerst erschienen, hier in der 8. Auflage vorgelegt, gehören zu den wenigen Arbeiten aus der Lyrik-Forschung der Nachkriegszeit, die immer noch ihre Leser finden. Ein Grund dafür ist zweifellos die unverminderte Lesbarkeit des Buches. Es ist ein Beispiel für wissenschaftliche Prosa, die in ihrer Bemühung um Klarheit und Eleganz, ja um Stil, mehr als spätere an literarischer Essayistik geschult ist. Ein anderer Grund ist der große Bogen, den Killy in seinem Buch schlägt: von Goethe bis Brecht, von der Klassik bis zum Expressionismus. Die ›Wandlungen des lyrischen Bildes‹, die er untersucht, spiegeln auch Veränderungen der neueren deutschen Lyrik wider, und insofern ist seine Studie zugleich eine Einführung in die Geschichte der deutschen Lyrik vom späten 18. bis zum frühen 20. Jahrhundert.

Killys Buch hat in der germanistischen Lyrik-Forschung seinen unverwechselbaren Ort. Nicht nur implizit, in der Fragestellung und in der Auswahl der interpretierten Texte und Autoren, auch explizit distanziert es sich von der lange Zeit herrschenden germanistischen Lyrik-Theorie: von Emil Staigers »Grundbegriffe der Poetik« (1949). Diese Distanzierung klingt bereits zu Beginn des Goethe-Kapitels an; sie wird dann am Ende des Brentano-Kapitels wieder aufgenommen und ausgeführt. Gegen Staigers Theorie eines lyrischen »Ineinanders« von Subjekt und Objekt macht Killy den »objektiven, vorzüglich im Bilde erscheinenden Charakter« (S. 84) der Lyrik geltend und verweist auf Friedrich Theodor Vischers »Grundbestimmung, daß das Objektive als inneres Leben des lyrischen Subjekts *erscheine*« (S. 84).

Sein Verständnis des lyrischen Bildes als das eines Subjekt-Objekt-Verhältnisses ermöglicht es Killy, den Begriff des Lyrischen theoretisch und historisch weiter zu fassen, als Staiger es vermochte. Ließ Staiger als ›rein lyrisch‹ nur die Dichtung von Goethe bis Mörike gelten, kaum frühere und kaum spätere, so zieht Killy die Linie bis ins 20. Jahrhundert, bis in die Moderne. Nicht zuletzt durch diese Begriffserweiterung kann sein Buch noch heute Aufmerksamkeit beanspruchen.

Die klassische Form des lyrischen Bildes beschreibt Killy im Goethe-Kapitel als »angeschaute(n) Augenblick, zuerst im Naturbild entworfen« (S. 20): eine historisch konkrete Anschauung realer Natur, die insofern bedeutsam ist, als in ihr »das Höhere ahnbar« wird, »die Idee, das Ewige, das Allgemeine, wegen seines Geheimniszustandes und seiner Enthaltenheit in den Erscheinungen der Welt auch das Innere genannt« (S. 26). Die Geschichte des lyrischen Bildes von Hölderlin bis Brecht versteht Killy dann als »den Vorgang der Emanzipation der klassischen Bildelemente« (S. 33), wie sie in ihrer »Ausgewogenheit« (S. 31) bei Goethe vorliegen.

Killys Begriff von Lyrik stellt sich allerdings, gut vier Jahrzehnte später, weniger weit dar, als er im Vergleich vor allem mit dem Staigers wirkt. Seine Beschränkungen sind heute leichter erkennbar als damals. Lyrik erscheint in den »Wandlungen des lyrischen Bildes« noch ganz traditionell als Naturlyrik; die Begrenztheit dieses Konzepts wird vor allem in den Heine-* und Brecht-Interpretationen deutlich. Mag Killy sich auch von dem zu eng gefaßten Lyrik-Begriff Staigers distanzieren, so gehört er doch in dieselbe Theorie-Tradition. Indem er sich, wie Staiger, auf Friedrich Theodor Vischers Ästhetik beruft, reiht er sich in die Subjektivitäts-Theorien ein, die durch die Sprachtheorien der Lyrik inzwischen grundsätzlicher Kritik ausgesetzt sind. Sein Buch ist erkennbar vor dem ›linguistic turn‹ der Lyrik-Theorie entstanden: Bezeichnenderweise weist er etwa alle Fragen, die der »Technik des Bildgebrauchs« (S. 10) gelten, schon zu Beginn ab.

Solche theoretische Begrenzung, wie sie sich von einer historisch späteren Position darstellt, schmälert allerdings kaum den Wert der Einzel-Analysen. Killys Buch ist geprägt von einer eigenen Kunst der Interpretation, die in der Berücksichtigung nicht nur literarischer Kontexte die Beschränkungen der werkimmanenten Interpretation schon früh aufgehoben hat – geradezu programmatisch deutlich wiederum vor allem im Goethe-Kapitel. Nicht zufällig sind in die einzelnen Interpretationen immer wieder Überlegungen zu den Verfahren der Text-Auslegung eingestreut. So ist Killys Buch schließlich auch eine bis heute bedenkenswerte Einübung in die Deutung lyrischer Gedichte geblieben.

Dieter Lamping

* Das Kapitel »Mein Pferd für'n gutes Bild. Heine und Geibel« ist in der vorliegenden Auflage nicht mehr enthalten.

Einleitung

Die Poesie spricht in Bildern. Sie nennt Dinge der Welt, welche ein inneres Auge durch die Kraft des Wortes aufs Neue wahrnehmen kann. Die poetischen Bilder sind nicht nur Natur. Die Seele ist in ihnen aufgegangen. Sie sind nicht nur Anschauung, sie vermitteln Erkenntnis. Sie tun das von jeher auf eine Weise, die ebenso verständlich als unergründlich ist:

Ποῦ μοι τὰ ῥόδα, ποῦ μοι τὰ ἴα, ποῦ μοι τὰ καλὰ σέλινα;
Ταδὶ τὰ ῥόδα, ταδὶ τὰ ἴα, ταδὶ τὰ καλὰ σέλινα.

Wo mir die Rosen, wo mir die Veilchen, wo mir der schöne Eppich?
Da meine Rosen, da meine Veilchen, und da mein schöner Eppich! [1]

In diesen Zeilen ist fast von nichts die Rede. Ein paar schöne Dinge der Natur werden mit ihren Namen genannt, fragend. Dann werden dieselben Namen wiederholt, weisend. Wir wissen weder, wer spricht, noch wer antwortet. Aber wir empfinden, daß diese Dinge dichterisch etwas sagen, das anders ungesagt bleiben müßte. Wir können nicht auf den Begriff bringen, was eigentlich mitgeteilt wird. Ein Horizont des Fühlens wird gesetzt, der Hörende erinnert Blumen und Frühling. Die Wiederholung läßt mit Klang und Rhythmus dem Ganzen (das doch nur ein Bruchstück ist) die Innigkeit des Gedichtes zuteil werden. Das Elementare des Lyrischen ist in diesen frühen Versen.

Eines seiner Elemente ist das Naturding, Eppich, Veilchen, Rose. Es ist hier mit einer Einfachheit gebraucht, hinter die nicht zurückgegangen werden kann; nur einmal gibt es ein Beiwort *schön*. Sonst wirken die Dinge durch ihre Nennung, mit ihrem Namen, der von ihrer Erscheinung nicht zu trennen ist. Die Wirkung ist heute nach zweieinhalb Jahrtausenden in einer fremden Sprache und fremden Kultur noch immer gegenwärtig. Sie gehört zum Menschen so wie zum Ding, zum Dichter wie zu der Natur, die er mit Worten bildet. Zu fragen warum das so sei, ist nicht eigentlich Sache des Philologen und Historikers; er nimmt hin, daß sich die Seele in Bildern ursprünglich ausspricht, durch Träume, mit Mythen, im farbigen Spiegel der Poesie. Aber wenn ihm auch die Natur unwandelbar erscheint und ihre Wirksamkeit im Gedicht unzweifelhaft, so kann er doch nicht übersehen, daß ihre Erscheinungsweise im poetischen Gebilde sich mit der Zeit wandelt. Sind es auch die gleichen Dinge, so sind es nicht mehr die gleichen Menschen, die sprechen:

Wize rôte rôsen, blâwe bluomen, grüene gras,
brûne gel und aber rôt, dar zuo des klêwes blat,
von dirre varwe wunder under einer linden was.
dar ûfe sungen vogele. das was ein schœniu stat ...

Nostrum statum pingit rosa,
nostri status decens glosa
nostrae vitae lectio:
quae dum primo mane floret,
defloratus flos effloret,
vespertino senio ...

Roses, their sharp spines being gone,
Not royal in their smells alone,
But in their hue;
Maiden pinks, of odour faint,
Daisies smell-less, jet most quaint,
And sweet thyme true ...

In meines Buhlen Garten
Da stehn viel edler Blüt.
Wollt Gott, ich sollt ihr warten,
Das wär mein Herzens Freud:
Die edlen Röslein brechen,
Denn es ist an der Zeit
Ich trau sie wohl zu erwerben,
Die mir am Herzen leit ...

Grün im Grünen glänzen Stellen,
Wo die Engel nachts getanzet;
Wo sie küssend sich gesellen,
Sind uns Blumen eingepflanzet,

Die zum jüngsten Tag bewahren,
Wenn die Nacht in Lust entschwunden;
Scheue Lieb' in jungen Jahren
Hat zur Wallfahrt sie gefunden ...

Narcyssen Ranunklen und
Siringen aus Persien
Blumen Nelken, gezogen perlenfarb
Und schwarz und Hyacinthen,
Wie wenn es riechet, statt Musik ...
Et tu fis la blancheur sanglotante des lys
Qui roulant sur des mers de soupirs qu'elle effleure
A travers l'encens bleu des horizons pâlis
Monte rêveusement vers la lune qui pleure! ...

Und Abend sinkt, wie Veilchen träumerisch,
Wie Veilchen welk. Der hohen Linden Duft
Weht von der Seine Ufern her, die frisch
Der Abendwind bewegt in lauer Luft ...

Die große Müdigkeit der Schulterblätter!
Die Zärtlichkeit des Rockes um ihr Knie!
Du rosa Staub! Du Ufer mit Libellen!
Du, von den Flächen einer Schale steigend.
Im Veilchenschurz. Von Brüsten laut umblüht ...

... and the smaller,
Camellia Sabina
with amanita-white petals; there are several of her
pale pinwheels, and pale
stripe that looks as if on mushroom the
sliver from a beet-root carved into a rose were laid ...[2]

All diese Verse aus Gedichten verschiedener Zeiten, verschiedener Völker leben von den Dingen. Was in dem griechischen Vers noch unentfaltet enthalten war, eingeschlossen in dem bloßen Namen und die bloße Erscheinung, differenziert sich, nicht nur in die Vielfalt unterscheidender Anschauungen, sondern in den Raum der Historie, um dem Aussprechen eines jeweils anderen Bewußtseins zu dienen. Dabei verändern sich die Rosen und Veilchen nicht, sie blühen wie je. Aber die Bilder ändern sich, was sie sagen wollen und zu sagen vermögen ist anders. Solche Wandlungen haben nicht viel mit den Übereinkünften der Ästhetik, Poetik und Rhetorik zu tun, welche von alters her im Verein mit anderen Disziplinen das Formale des Bildgebrauchs zu ordnen gesucht haben und von Gleichnissen, Allegorien, Symbolen zu sprechen pflegen. Diesen allen liegt die fundamentale Tatsache zugrunde, daß überhaupt Eines durch das Andere zu reden vermag, ein Sachverhalt, der sehr wunderbar ist. Die Übergänge fließen, ja sie sind von Natur unbestimmt. Wo ist die Grenze zwischen sachlicher Nennung und bildhaft poetischer Funktion? ποῦ μοι τὰ ῥόδα (»wo mir die Rosen?«) das ist eine sachliche Frage. Aber im Kontext, im Vers, im Wohllaut der Wiederholung wird Poesie daraus. Wo ist die Grenze zwischen realem Bild und Vergleich? Kein einziges ›wie‹ spricht im Volkslied von der Parallele zwischen des »Buhlen Garten« und dem Mädchen selber; aber wir wissen, daß mit dem »Röslein brechen« mehr als nur das Pflücken der Blumen gemeint sei. Wie kann Mallarmé vom schluchzenden Weiß der Lilien, Heym von einem Abend »wie Veilchen träumerisch« sprechen? Was meint der Seemann in der alten schottischen Ballade mit solchen Versen:

> *I saw the new moon late yestreen*
> *Wi'the auld moon in her arm;*
> *And if we gang to sea, master,*
> *I fear we'll come to harm.* [3]

Ist das ein Vorzeichen in einer *nox portentis gravida?* Ein Omen am Himmel, welches Düsteres verkündet? Ist es die reale Anschauung der schmalen Sichel des Neumondes, die die matte, aber noch erkennbare Scheibe des unbeleuchteten Gestirns umgreift? Wetterkunde oder Magie? Das einzig Feststehende ist die Wirkung dieser Verse, die offenbar älteste Erinnerungen in uns wachrufen und Quellen springen lassen, deren Geäder in die tiefsten und dunkelsten Schichten unseres Gemütes reichen, dort, wo es dem Land der Träume und dem Weben der Natur verhaftet ist.

Man wird also mit einer bloßen Poetik, welche die Technik des Bildgebrauchs ordnet, nicht weit kommen. Das poetische Bild als eine Vergegenwärtigung der Dinge der Welt ist ein ursprüngliches

Phänomen; es wird bedeutend durch das Bewußtsein, das es immer aufs Neue hervorbringt. Dieselben Rosen und Veilchen geben doch nicht vom selben Weltverhältnis des jeweils Sprechenden Kunde. Nicht jene sind Wandlungen unterworfen, sondern dieses; wie es die Natur gebraucht, um sich auszusprechen, das gibt den Gegenstand einer Geschichte des lyrischen, eines jeden poetischen Bildes ab. Es ist wie im Gedichte selber: von den Dingen ist die Rede, aber der Mensch kommt zur Sprache.

Damit ist auch der Gegenstand der nachfolgenden wenigen Untersuchungen bezeichnet, die sich dem Bilde in dem sehr begrenzten Bereich der deutschen Lyrik seit Goethe widmen. Während dieses Zeitraums gehen tiefgreifende Veränderungen im Gebrauch der Bilder und im Weltverhalten des dichterischen Menschen vor sich. Vielleicht können sie zu einem späteren Zeitpunkt im Zusammenhang der Literaturen dargestellt werden, in den auch die deutsche gehört, obwohl wir das gerne vergessen; hier, im vorgeschriebenen Rahmen dieses Bandes, können nur die Hauptstationen des zu unserer Gegenwart fahrenden Weges Darstellung finden. Der Weg führt vom klassischen Bilde Goethes, seiner ganzen Fülle und zusammenhängenden Bestimmtheit, zu den rätselhaften Zeichen Trakls, in denen die Natur mit dem Dichter zu verstummen scheint. Dazwischen liegt Hölderlins großartiger Entwurf, der sich aus den alten Bildern eine neue Welt erhofft; erklingt das magische Figurenspiel Brentanos, das keine Grenze zwischen dem Raum der Seele und dem Weltraum wahrhat; erhebt sich mit Gewalt das historische Bewußtsein und macht aus ursprünglichen Zeichen synthetische Klischees. Am Ende steht die Sprachnot der Moderne, die Heine als erster qualvoll empfunden hat.

Es ist ebenso leicht wie verlockend, einen solchen Weg in das Koordinatensystem des geschichtsphilosophischen Entwurfs einzuzeichnen, und fraglos hängen die hier beschriebenen Vorgänge mit dem großen Vorgang einer fortschreitenden Säkularisation zusammen, die Zwietracht in das Verhältnis von Individuum, Sprache und Welt gebracht hat. Aber solche Zeichnung ist nicht mehr Aufgabe des Philologen. Zudem gibt es keinen historischen Verlauf, der nicht seine Ausnahme duldete und alle Zusammenhänge und Einwirkungen, die wir aufsuchen, um Geschichtliches zu verstehen, werden immer wieder Lügen gestraft durch die ursprüngliche Erscheinung.

Mörike dichtet zu gleicher Zeit wie Heine, und seine herrlichen Gedichte wollen sich nicht gern in den Ablauf einer Geschichte des lyrischen Bildes fügen, in dem Heines Rolle als Liquidator sehr deutlich ist. Die Möglichkeiten der Poesie sind unendlich, auch wenn uns Sprache und Bilder erschöpft zu sein scheinen; vielleicht sind sie so wenig zu erschöpfen oder vorauszusehen wie die anderen Verwirklichungen der Geschichte.

Das wahre Bild
Johann Wolfgang von Goethe

»Die höchste Lyrik ist entschieden historisch.«[1] Dieser Satz Goethes scheint zunächst aller Vorstellung, wie sie sich bei uns vom Wesen des lyrischen Gedichts gebildet hat, zu widersprechen. Seelenvoll aber geistlos, Duft, schwebend atmosphärisch sei das Lyrische, sagt etwa Emil Staiger in seiner Poetik.[2] Mit solchen vom Dichten der Romantik gewonnenen Begriffen umschreibt er die Erregtheit des Fühlens, in die der Dichter seinen gleichgestimmten Hörer grenzenlos einzubeziehen vermag. Von der bestimmten Objektivität geschichtlicher Wirklichkeit ist in keiner Weise die Rede, ja sie ist ausgeschlossen, wenn man »Musik, Verflüssigung, Ineinander«[3] als die eigentlichen, unbestimmbaren Zustände des Lyrischen ansieht.

Wie kommt Goethe zu seinem entschiedenen Satz? Er ist nicht damit abgetan, daß er sich in der Besprechung eines Dramas findet. Auch mit dem Hinweis auf den »Erlebnisgehalt« als der zu Worte kommenden Erfahrung ist die Betonung noch nicht hinlänglich begründet, die auf *entschieden historisch* liegt, und auf den ersten Blick erscheint es sehr zweifelhaft, daß ein so zeitloses und so lyrisches Gebilde, wie etwa das berühmte Dornburger »Früh, wenn Thal, Gebirg und Garten ...« überhaupt »Geschichte« enthalte. Im Gegenteil:

Früh, wenn Thal, Gebirg und Garten
Nebelschleiern sich enthüllen,
und dem sehnlichsten Erwarten
Blumenkelche bunt sich füllen;

Wenn der Äther, Wolken tragend,
Mit dem klaren Tage streitet,
Und ein Ostwind, sie verjagend,
Blaue Sonnenbahn bereitet;

Dankst du dann, am Blick dich weidend,
Reiner Brust der Großen, Holden,
Wird die Sonne, röthlich scheidend,
Rings den Horizont vergolden. [4]

Das Gedicht setzt ein mit einem Bilde bloßer Natur, Tal, Gebirg und Garten in der Morgenfrühe. Ein bedingendes *wenn* bestimmt jenen Zeitpunkt, da unter den weichenden Morgennebeln aus dem Grau der Dämmerung die ersten Farben hervortreten – sehnlich erwartet von dem, der spricht. Die Nebel spielen im Raum, und da sie langsam steigen, vergeht Zeit. Bewegung ist in diesen Versen, nicht nur räumliche, sondern auch zeitliche. Indem die erste Strophe in die zweite übergeht, wird das zeitlich bedingende *wenn* wiederholt. Wenn der reinigende Frühwind die Wolken vertreibt und blauer Himmel hervortritt in seiner Klarheit – ja, was ist dann? Wohin führt die Bewegung im Äther, die Bewegung der Verse, mit welcher Folge löst sich die Spannung, die die beiden wiederkehrenden *wenn* setzen? Wenn der sittliche Mensch zu solcher morgendlichen Stunde dankbar und mit Lust den Blick des heiligen Lichtes empfängt, dann wird die abendliche Sonne rötlich golden scheiden.

Das ist ein offenbarer Widersinn, ein Anachronismus. Wenn höchste Lyrik wirklich entschieden historisch ist, wie kann dann der Augenblick des frühen Tages sein Ende begreifen? In einem einzigen Vorgang, der in einem einzigen Satz zusammengefaßt ist, wird hier die gewohnte Zeit durchbrochen; die Bedingung ist in die Frühe gesetzt, ihre Folge ist Abend. Aufgehen der Sonne und ihr Untergang erscheinen in *einem* Zusammenhang als momentanes Ganzes *eines* Gedichts. Was in der wirklichen Zeit »historisch« getrennt ist, wird in eine Einheit gerafft, der frühe Tag weitet sich in den ganzen Tag, einen Tag, der – wie wir ahnen – nicht nur Kalendertag, sondern Lebenstag überhaupt ist. Eine unsägliche Zuversicht wird aussprechlich, aber auf die Weise, wie das große Gedicht spricht, unvernünftig. Tageszeit und Lebenszeit, Natur und Betrachter erweisen sich als in Eines geschlungen, und von der Konsequenz der Historie, von ihrer bestimmten Faktizität vor allem, von der Erweisbarkeit des Zusammenhangs zwischen Ursache und Resultat tritt nichts hervor. Aber dennoch hat Goethe diesen Versen eine durchaus historische Überschrift gegeben: »September 1828«. Was hier als Anachronismus vor uns steht, ist chronistisch fixiert. So genau sogar, daß wir den wunderbaren Streit zwischen Dunkel und Farbe, zwischen Wolken und Sonne als bestimmte, lange vergangene Wirklichkeit zu datieren im Stande sind. In Goethes Dornburger Tagebüchern finden sich, wie bekannt, folgende Stellen:

5. 9. Starker Nebel schwankend zwischen Niedergehen und Aufsteigen, sich gegen ersteres hinneigend. Der obere Himmel mit Cirrus besäet, die untere Atmosphäre besonders gegen Osten mit Cumulus besetzt, welche nach und nach ihren Character verloren und in Regen drohende Wolken übergingen. Barometer 27" 7 1/2'''; Nordwind, der die Atmosphäre nicht aufzuklären vermochte.

7. 9. Starker Nebel; als er sich vertheilte, ging ich auf die Terrasse.

8. 9. Diktirte einiges Meteorologische für Zelter. Abends auf der Terrasse. Hoher Barometerstand, schöner Tag.

Das sind die Tage, in denen unser Gedicht entstanden sein soll. Blättern wir weiter zurück in den Dornburger Tagebüchern, so finden wir immer wieder den Blick von der Terrasse auf Tal und Himmel, zusammen mit den Daten der Wettergeschichte:

8. 7. Früh in der Morgendämmerung das Thal und dessen aufsteigende Nebel gesehen ... Ganz reiner Himmel, schon zeitig steigende Wärme ... Abends vollkommen klar. Heftiger Ostwind.

12. 7. Gegen fünf Uhr allgemeiner dichter, hoch in die Atmosphäre verbreiterer Nebel. (Er war, wie ich hörte, seit zwei Uhr aus der Saale aufgestiegen. Erst gegen sieben Uhr ward die untere Straße, der Fluß und die nächsten Wiesen, sodann, als der Nebel weiter sank, die gegenüber sich hinziehenden Bergrücken sichtbar. Nach und nach hatte er sich ganz nieder gesenkt, doch schwebte noch ein merklicher Duft ausgebreitet über dem Thale. Der Himmel war ganz heiter geworden, schön blau, besonders an der Abendseite.

Und schließlich:

18. 8. Vor Sonnenaufgang aufgestanden. Vollkommene Klarheit des Thales. Der Ausdruck des Dichters : heilige Frühe ward empfunden. Nun fing das Nebelspiel im Thale seine Bewegung an, welches mit Südwestwind

wohl eine Stunde dauerte, und sich außer wenigen Streifwolken in völlige
Klarheit auflöste … [5]

»Der Ausdruck des Dichters: *heilige Frühe* ward empfunden«. Damit ist die tiefe innere Bewegung, ein unendliches Gefühl bezeichnet, das wir in dem Gedicht auf das schönste wiedererkennen. Zugleich aber erkennen wir die fallenden Nebel, den reinigenden Wind, die Bläue des Himmels über Tal, Gebirg und Garten wieder. Wir erkennen sie, wie sie dem Bilde dieses Gedichtes anverwandelt wurden, nicht mehr so, wie sie in wissenschaftlicher Bemühung für ein meteorologisches Tagebuch festgehalten sind. Das Tagebuch läßt uns die Wettergeschichte jenes Sommers wissen. In dem Gedicht ist sie mit enthalten, Grundzüge des »geschichtlichen« Stoffes sind deutlich, aber die Wirklichkeit dieser Verse ist viel dauerhafter, ganz anders als eine jener atmosphärischen Konstellationen. Sie läßt uns zugleich die *heilige Frühe* mitempfinden, ja unendlich viel mehr noch, von dem die Rede sein wird.

Der lyrische Dichter … soll irgend einen Gegenstand, einen Zustand oder
auch einen Hergang irgend eines bedeutenden Ereignisses dergestalt vor-
tragen, daß der Hörer vollkommen Antheil daran nehme und, verstrickt
durch einen solchen Vortrag, sich wie in einem Netze gefangen unmittel-
bar theilnehmend fühle. [6]

Gegenstand, Zustand, Hergang – sie alle finden sich in der Wirklichkeit, die vergeht. Sie sind geschichtlich schon dadurch, daß ein Individuum sie so und nicht anders unwiederholbar erlebt. Eine Landschaft in der Frühe ist hier *Gegenstand,* der *Hergang* der Sonne geschieht vor unseren Augen; oder vielmehr, wir fühlen uns unmittelbar teilnehmend an jenem Hergang, verstrickt in den Zauber der Worte, die uns an einem *Zustande* beteiligen, der einst Goethes Gemüt bewegte. Insofern war jener Zustand, war das Wetter jener Tage entschieden historisch. Aber: »Jeder Zustand, ja jeder Augenblick ist von unendlichem Werth, denn er ist der Repräsentant einer ganzen Ewigkeit.«[7] Es ist nicht der geschichtliche Zustand, nicht der Augenblick an sich von Wert, oder wie Goethe mit einem leicht zu übersehenden Wort sagt, *bedeutend.* Er ist es nur insofern, als er über sich hinausweist. In dem gleichen Aufsatz über Manzonis

Adelchi, in dem das Wort von dem historischen Charakter der Lyrik fällt, finden wir die nur scheinbar widersprüchliche Bemerkung, »daß alle Poesie eigentlich in Anachronismen verkehre«.[8] Indem der historische Augenblick in seinem unendlichen Wert erkannt wird, deutet er über sich, über seine Zeitlichkeit hinaus. Er wird dichterischer Augenblick und bringt uns Gewinn. Soweit sich ein solcher Vorgang nachvollziehen läßt, kann das an unserem Beispiel geschehen. In zweifacher Hinsicht ist da der geschichtliche Moment aus sich herausgetreten, um in Anachronismen – nicht nur wider die physikalische Zeit, sondern auch jenseits von ihr – zu verkehren. Nehmen wir die Tagebücher zur Hand und vergleichen wir ihr »historisches Material« mit dem lebendigen Bild des Gedichtes, so entdecken wir, daß auch hier »kein Strich enthalten, der nicht erlebt, aber kein Strich so, wie er erlebt worden«.[9] Es ist keine beliebige Verwandlung, die da vor sich gegangen ist, und der Dichter ist auch nicht eklektisch-empirisch verfahren. Er hat sein poetisches Vermögen, die »Phantasie für die Wahrheit des Realen«[10] walten lassen. Er hat allein das zur Sprache gebracht, »was immer zur Erscheinung kommt und daher als Gesetz aller Erscheinungen uns entgegentritt«.[11]

Goethe hat dafür den Namen *Idee*,[12] aber nicht nur diesen. An jenen geschichtlichen Augenblicken, deren Eigentliches in dem Gedicht zu einem einzigen Bild aufgehoben ist, wurde ihm die ganze Ewigkeit sichtbar in ihrem unendlichen Wert. Nicht der bloße Augenblick ist wichtig, eine physikalisch bestimmbare Morgenstunde, sondern die Empfindung der heiligen Frühe, der Hoffnung von Licht und Dank, wie sie sich in solchem Augenblick, in solchen Augenblicken verwirklichen und bewahrheiten. In diesen Stunden wurde das Urphänomen des Lebenstages erkannt. Der Anachronismus, der in der Zusammenfassung so vieler historischer Momente, zeitlich getrennter Morgen in den einen dichterischen Moment besteht, ist *notwendig*. Er ermöglicht erst die Darstellung des Urphänomens, das aus jedem großen lyrischen Bilde Goethes erkennbar wird. Die tieferen Verhältnisse des Daseins treten hervor, aber sie können es nur, weil sie in einer geschichtlichen, erfahrenen Wirklichkeit erlebbar wurden, im Leben sich bewahrheiteten. Insofern ist die Behauptung, daß höchste Lyrik entschieden historisch sei, und daß die Poesie stets in Anachronismen verkehre, kein Widerspruch.

Das Bedeutende des historischen Moments wird wieder erfahrbar, indem der Dichter uns im Netz seiner Bilder fängt. Der Ort, in dem geschichtliche Erscheinung und dauerndes Gesetz ebensowohl aufgehoben sind, wie sich in ihm unsere Empfindung an der des Dichters als menschliche Empfindung erkennt, ist in der lyrischen Poesie vorzüglich das Bild. »Durch Worte sprechen wir weder die Gegenstände noch uns selbst völlig aus … Sobald von tiefern Verhältnissen die Rede ist, tritt sogleich eine andre Sprache ein, die poetische.«[13] Mit diesen Sätzen führt Goethe den Begriff des *Symbols* ein; und als das Wesentliche der Poesie erscheint ihm: »Poesie deutet auf die Geheimnisse der Natur und sucht sie durch's Bild zu lösen.«[14]

Aber wir haben erst einen der beiden nachdenkenswerten Anachronismen des Dornburger Gedichtes betrachtet, indem wir die Auflösung der chronistisch bestimmten, nacheinander erlebten Morgenstunden in der wiederholbaren Einheit dieses dichterischen Morgens wahrnahmen. Es ist ein noch anderer Anachronismus zu bedenken: das Untergehen der Sonne als ein mit ihrem frühen Aufgang vereinter Vorgang. Man kennt das Distichon, das Goethe aus dem Pentameter der Anthologia Palatina Δυόμενος γὰρ ὅμως ἥλιός ἐστιν ἔτι gemacht hat:

> *Nicht am Morgen allein, noch am Mittag einzig beglückt sie,*
> *Untergehend sogar ist's immer dieselbe Sonne.* [15]

Man kennt auch die Worte, die er im Anblick der untergehenden Sonne über diese Verse mit großer Heiterkeit zu Eckermann sprach:

> *Wenn einer 75 Jahre alt ist, … kann es nicht fehlen, daß er mitunter an den Tod denke. Mich läßt dieser Gedanke in völliger Ruhe, denn ich habe die feste Überzeugung, daß unser Geist ein Wesen ist ganz unzerstörbarer Natur; es ist ein fortwirkendes von Ewigkeit zu Ewigkeit, es ist der Sonne ähnlich, die bloß unsern irdischen Augen unterzugehen scheint, die aber eigentlich nie untergeht, sondern unaufhörlich fortleuchtet.* [16]

In dem Distichon ist eine Erkenntnis sentenziös ausgesprochen; gegenüber Eckermann wird sie als schöne, ruhige Einsicht in bezug auf das menschliche Leben ebenfalls auf den Begriff gebracht. Aber so deutlich die inhaltliche Nähe dieser Einsicht zu dem uns beschäftigenden Gedicht ist, so verschieden ist doch, was es zur Sprache bringt. Es ist der ganze Unterschied, der zwischen Begriff und Anschauung besteht: was wir uns mit jenem wohl nacheinander denken können, wird uns mit dieser simultan vorgestellt. Viele in ihren Bedingungen und Erscheinungen verwandte Morgen; viele Lebenstage, alle unterschieden, die der Kindheit und die des Greisen; viele Aufgänge der Sonne, viele Untergänge – und doch ein Leben; wir können sie nacheinander begreifen, als Summe historischer Momente, deren einer aus dem anderen hervorgeht. Aber wenn es darum geht, den großen Anachronismus zu denken, daß alle diese Momente zugleich anwesend sind in der einen Lebenszeit, alle Morgen eine ganze Ewigkeit von Morgen repräsentieren, so müssen wir – mit Goethe zu reden – aus dem Reiche der Erfahrung in das der Idee schreiten.

Dieser Schritt ist denkend nicht vollziehbar. Wir stehen vor der Schwierigkeit, daß »zwischen Idee und Erfahrung eine gewisse Kluft befestigt scheint, die zu überschreiten unsere ganze Kraft sich vergeblich bemüht«. Und

... eine Naturwirkung, die wir der Idee gemäß als simultan und successiv zugleich denken sollen, scheint uns in eine Art Wahnsinn zu versetzen. Der Verstand kann nicht vereinigt denken, was die Sinnlichkeit ihm gesondert überlieferte, und so bleibt der Widerstreit zwischen Aufgefaßtem und Ideirtem immerfort unaufgelös't. [17]

So bleibt der Widerstreit zwischen Aufgefaßtem und Ideirtem immerfort unaufgelöst ... Wir fänden uns an einer der äußersten Stellen, wo Goethe sich in die Entsagung schickt, wenn wir nicht eigentlich ein Gedicht betrachteten. Es war dem Bereich der Erfahrung entwachsen und damit historisch. Aber es schritt in seinen Anachronismen vor in den Bereich der Simultaneität. Was die Sinnlichkeit im geschichtlichen Augenblick gesondert überliefert hatte, finden wir als ein neues Ganzes vor uns. Es ist nicht bloß geschichtlich; es ist auch nicht bloß Idee. Es »spricht das Vorhandene ahnungsvoll aus, als wenn es entstünde«. [18] Es ist ein Schein, aber einer, der uns in seinem goldenen Netze gefangen nimmt und das, was wir denkend nicht zu fassen vermögen, anschaulich uns überliefert.

Die Symbolik verwandelt die Erscheinung in Idee, die Idee in ein Bild, und
so, daß die Idee im Bild immer unendlich wirksam und unerreichbar bleibt
und, selbst in allen Sprachen ausgesprochen, doch unaussprechlich bliebe. [19]

Die innigste und tiefste Form, zugleich die anschaulichste, in der
Goethe Bilder gebraucht, ist die des lyrischen Bildes. Es ist bei ihm
in mehr als einem Sinne klassisch geworden. Es vermag eine ganz
bestimmte, in allen großen Beispielen der Goetheschen Lyrik wie-
derkehrende Leistung. Sein Gebrauch ist verschieden, sein Gegenstand wechselt, aber die Gesetze, nach denen es sich darstellt, die
Wahrheit, die es ersichtlich macht, sind beständig. Man vermag sie
tiefer zu erkennen, wenn man die Grundbedingungen des Bildes erkannt hat, von denen einige bereits angedeutet sind.

Da ist zuerst die geschichtliche Erfahrung eines Augenblicks. Der
Moment bewegt das Gemüt des Dichters – »heilige Frühe ward
empfunden«. Der Moment ist Wirklichkeit, jeweilige Realität aus einer Folge von Erfahrungen; er ist Lebensaugenblick, Augenblick in
einer Kette, die das Dasein des Individuums ausmacht. Aber er ist
vergänglich, und als bloßer Augenblick ist er nicht greifbar. Das Bedeutende der Geschichte (und der Person, der etwas geschieht) tritt
erst voll hervor in der anachronistischen Anschauung, die alle großen Goetheschen Bilder gewähren.

Goethes Bilder nämlich sind nicht statisch. Der angeschaute Augenblick, zuerst im Naturbild entworfen, tritt aus sich heraus, er gerät in Bewegung. Eine Sukzession von Wandlungen entfaltet sich in
Raum und Zeit, unzeitig, gemessen am Verhältnis historischer Her-
gänge, sinnvoll im Zeitraum des Gedichts. Das Bild verhält sich so,
daß seine Entfaltung auf jenes hindeutet, »das immer zur Erscheinung kommt«. Dieser Vorgang, der aus den Dornburger September-
Augenblicken den Lebensaugenblick, aus dem Wechsel des Sonnen-
lichtes das ewige Licht hervorglänzen läßt, ist als eine Methode der
poetischen Verwirklichung nachweisbar. Das anachronistische aus
sich Heraustreten des ursprünglich historischen Momentes bestimmt den Aufbau der vom lyrischen Bilde lebenden Gedichte. Ihre
endliche Bewegung und deren endlicher Anlaß streben auf die Eröffnung des unendlichen, sinnvollen und bedeutenden Raumes zu,
in dem Simultanes und Sukzessives innig verbunden sind – wo wir
Sinn finden.

Der Anlaß, die Gelegenheit ist wie gesagt historisch – sonst ist er nicht wahr. Der Stoff kommt entgegen. Beide an sich haben noch nicht das wahre Leben des poetischen Bildes, das dem schöpferischen Vermögen des Dichters entspringt: »zum Gewahrwerden des Ideellen gehört auch eine Pubertät«.[20] Das mag an dem anderen großen Beispiel deutlich werden.

Mächtiges Überraschen

Ein Strom entrauscht umwölktem Felsensaale
Dem Ocean sich eilig zu verbinden;
Was auch sich spiegeln mag von Grund zu Gründen,
Er wandelt unaufhaltsam fort zu Thale.

Dämonisch aber stürzt mit einem Male –
Ihr folgten Berg und Wald in Wirbelwinden –
Sich Oreas, Behagen dort zu finden,
Und hemmt den Lauf, begränzt die weite Schale.

Die Welle sprüht, und staunt zurück und weichet,
Und schwillt bergan, sich immer selbst zu trinken;
Gehemmt ist nun zum Vater hin das Streben.

Sie schwankt und ruht, zum See zurückgedeichet;
Gestirne, spiegelnd sich, beschaun das Blinken
Des Wellenschlags am Fels, ein neues Leben.[21]

Es ist das Bild großer Landschaft, in dem beginnenden Stil des späten Goethe knapp angedeutet: die nebelhafte Höhe des ursprünglichen Gebirgs, von dem der Strom seinen Anfang nimmt; von diesem Anfang strömt er unaufhaltsam fort, dem Ziel zu, von dem keine noch so liebliche Spiegelung ihn zurückhält; nichts scheint den bestimmten Weg zu stören. Aber andere Kräfte gibt es als die des fließenden Wassers; ein Felssturz stellt sich entgegen, unvermutet und schroff, und die eben noch zielgerichteten Wellen werden der Richtung beraubt, auf sich selbst zurückgewiesen. Der Strom ist nicht mehr Strom (ein Hölderlinsches Motiv!), sein ihn ermöglichender Sinn, der Weg zum Ursprung, ist ihm mit der Lebensbewegung genommen, die Naturkatastrophe verwandelt ihn zum See. Aber in diesem See spiegeln sich die Sterne des Himmels, und das jetzt sanfte Spiel der Wellen wirft Lichter auf den Fels, der vordem in dämonischem Sturz die schicksalsvolle Veränderung bewirkt hatte.

Sieht man von der Überschrift »Mächtiges Überraschen« ab, in der Macht und Schicksalhaftigkeit des Hergangs gleichmäßig ausgedrückt sind, so bleibt die Tatsache, daß hier von Natur die Rede ist. Wir fühlen uns gedrängt, sie als Chiffre des Menschlichen zu verstehen: aber im Text ist davon an keiner Stelle ausdrücklich die Rede. Zwar, es ist eine belebte Natur, in einem mythologischen Raum. Oreas ist eine Waldnymphe, im Gebirg beheimatet, ihre Naturwirkung so unmittelbar dämonisch, daß sie nur in der personalen Vorstellung der Alten poetisch zu Worte kommen kann. All das weist auf »Bedeutung« hin, und der plumpe Versuch wäre verzeihlich, der das ganze Gedicht als bloße Metapher menschlicher, Goethescher Erfahrung verstehen wollte. Haben wir doch den Hinweis Goethes, daß die höchste Lyrik eigentlich historisch sei.

Und zunächst scheint es, als ob das ganze Sonett nichts anderes als verkleidete Geschichte darstelle. Seine Entstehung ist einigermaßen übersehbar, trotz vielen Rätseln. Es entstand zu einem Zeitpunkt, im Jahre 1807, als es Goethe scheinen durfte, daß er die schweren Erschütterungen von Krieg, Krankheit und Freundestod endlich und beinahe wider Erwarten überwunden habe. Ein neues Leben war begonnen, dessen Ordnung in der Heirat mit Christiane sichtbare Beglaubigung fand. Da erschütterte ihn leidenschaftlich die Begegnung mit Minchen Herzlieb, einem so jungen als lieblichen und gefährdeten Mädchen, als deren Ausdruck – »Sonettenwuth und Raserei der Liebe«[22] – die Sonette angesehen werden. Und damit wäre auch unser Sonett »gedeutet« (modo barbarico): Minna als die Oreade wirft sich dem Dichter entgegen und wandelt seinen Lebenslauf.

Allerdings, wer mit dieser Deutung zufrieden wäre, erwiese sich nicht nur als unpoetisches Gemüt, sondern hätte auch den Satz, daß Lyrik entschieden historisch sei, nicht ganz verstanden. Sie ist entschieden historisch; aber sie spricht nie entschieden, sondern stets uneigentlich, und schon deshalb muß sich das Geschichtliche in ihr anachronistisch darstellen. Und mehr: »Hier ist der Ort zu bemerken, daß man sich bei Auslegung von Dichtern immer zwischen dem Wirklichen und Ideellen zu halten habe.«[23] Dieser fundamentale Satz, gegen den die Deuter gar zu gern verstoßen, ist in der Natur des dichterischen Bildes bei Goethe verwurzelt:

Was von meinen Arbeiten durchaus und so auch von den kleineren Gedichten gilt, ist, daß sie alle, durch mehr oder minder bedeutende Gelegenheit aufgeregt, im unmittelbaren Anschauen irgend eines Gegenstandes verfaßt worden, deßhalb sie sich nicht gleichen, darin jedoch übereinkommen, daß bei besondern äußeren, oft gewöhnlichen Umständen ein Allgemeines, Inneres, Höheres dem Dichter vorschwebte. [24]

Die Liebeserschütterung ist Geschichte. Sie war die bedeutende Gelegenheit, welche Verse aufregt, ihr kam Realität zu. Aber schon die Wendung *aufgeregt* weist darauf hin, daß eben dies Historische den *Anlaß* zu sprechen, nicht aber den unmittelbaren Zweck dichterischer Rede gewährt. Unmittelbar im Gedicht ist nur die Anschauung, das Bild im engeren Sinne. Sie ermöglicht die *Äußerung*; indem sie ein Sichtbares, Äußerliches vorstellt, besondere spezifizierte Umstände vor Augen führt, begründet sie den Satz: »Auf ihrem höchsten Gipfel scheint die Poesie ganz äußerlich.«[25] Wohlgemerkt, sie *scheint.*

Das durch die bedeutende Gelegenheit erregte dichterische Gemüt spricht »im unmittelbaren Anschauen (...) eines Gegenstandes«. Das heißt, daß auch dieser zunächst dem geschichtlichen Bereiche zugehört; aber er wird – wie wir an den in Dornburg konkret gewonnenen Anschauungen gesehen haben – hinausgeführt in den poetischen Anachronismus, wo das Bild sich jenseits der historischen Zeit veranschaulicht. Auch das Sonett »Mächtiges Überraschen« hat einen »historischen«, ersichtlichen Gegenstand, der Goethe von außen zukam. In die Zeit der Erschütterung durch Minchen Herzlieb fällt das Werben der vielleicht halb kindlichen, stürmischen und merkwürdigen Bettine. Ihre Briefe an den Dichter sind erhalten, sowohl in ihrer eigenen Redaktion, als in der ursprünglichen Gestalt, und in einem von ihnen fallen die Sätze:

So wie der Freund Anker löst nach langer Zögerung und endlich scheiden muß; ihm wird die letzte Umarmung was ihm hundert Küsse und Worte waren, ja noch mehr, ihm werden die Ufer die er in der Entfernung ansieht, was ihm der letzte Anblick war. Und wenn nun endlich auch das

blaue Gebirg verschwindet, so wird ihm seine Einsamkeit seine Erinne-
rung alles, so ist das treue Gemüt beschaffen das Dich lieb hat, das bin
ich ... ich! die Dir von Gott gegeben ist, als ein Damm, über welchen Dein
Herz nicht mit dem Strom der Zeit schwimmen soll, sondern ewig jung in
Dir bleibt und ewig geübt in der Liebe.[26]

Diese Sätze enthalten den Bildkern zu zwei Sonetten Goethes: »Abschied« und »Mächtiges Überraschen«, dem uns hier beschäftigenden. Diesmal war es nicht die freie Natur selbst, die dem Auge den
anzuschauenden Gegenstand vorführte, sondern eine bildliche
Wendung, in welcher das Mädchen dem viel Älteren die selbster-
träumte Rolle vorspielte. Bildlich an dieser Wendung sind der Strom
(hier metaphorisch »Strom der Zeit«) und der *Damm,* durch das
Wörtchen *als* zur Metapher Bettinens gemacht. Es ist ein deutlicher
Vergleich: wie der Damm hindert, daß etwas vom Strome fortge-
schwemmt werde, so stellt sich der Zeit meine Jugend entgegen, daß
sie die liebevolle Jugend Deines Herzens vor dem Schwinden be-
wahre.

Aber es ist nicht die Metapher, die Goethe aufgreift, sondern es
ist nur ihre anschauliche Hälfte, das ursprüngliche Bild vom gestau-
ten Strom. Und was dort eine ungenaue Weise zu reden war, das
wird hier zu einem bis in den Einzelzug gesehenen Bilde, welches
schon für sich allein sinnvolle Einheit zu haben scheint. Vom Inhalt-
lichen der Bettinischen Wendung ist kaum mehr etwas übrig. Aber
das Äußerliche hat eine großartige, erweiterte Veranschaulichung
gefunden, es wurde übersetzt in die Sphäre sinnvoller Wirklichkeit
– »Adieu mein artig Kind! Schreiben Sie bald daß ich wieder was zu
übersetzen habe«[27] – die wie das Dornburger Gedicht schön ist,
auch wenn sich ihre ganze Tiefe noch nicht eröffnet hat. Bettines
Metapher ist nicht mehr da, nur das scheint von ihr erhalten, was
bloße Natur war.

Jedoch so wenig das Gedicht die Darstellung nur des Geschichtlichen zum Ziele hat, so wenig erschöpft es sich in der Anschauung
bloßer Natur.

Denn was soll das Reale an sich? Wir haben Freude daran, wenn es mit
Wahrheit dargestellt ist, ja es kann uns auch von gewissen Dingen eine
deutlichere Erkenntnis geben; aber der eigentliche Gewinn für unsere hö-

here Natur liegt doch allein im Idealen, das aus dem Herzen des Dichters hervorging. [28]

Es geht ja gerade darum, *tiefere Verhältnisse* ausdrücklich zu machen, die das Wort erst zu fassen vermag, wenn es in den poetischen Bereich tritt und die Geheimnisse im Bilde aufhebt. Und damit gerät man in die unauflösliche Verlegenheit, die jeder empfindet, der deutend von Gedichten spricht. Das Gedicht ist da, weil der Begriff nicht zureicht; weil wir Sukzessives – die Aufeinanderfolge erlebter Augenblicke – und Simultanes – das Ganze ihres Sinnzusammenhangs – nicht zugleich denken können. Und auch der Dichter als der durch eine höhere Pubertät gegangene schöpferische Sprecher macht das von ihm geahnte *Allgemeine, Innere, Höhere* nicht platt und geheimnislos, indem er es bei unzureichenden Namen nennt. Er hat gar keinen Eigennamen dafür. Sondern es *schwebt ihm vor, aufgeregt* in der *Gelegenheit*, es wird sagbar *im unmittelbaren Anschauen*. Es kommt also bei dem Gedicht auf keine seiner einzelnen Sphären für sich an, sie dienen alle dazu, die unbegreifliche Idee in ihrer Schwebe zu halten. Wir *sehen* Gestirne, spiegelnd sich – aber hinter ihnen leuchtet ein neues Leben. Der Strom ist verwandelt; das Schicksal hat ihn getroffen, er ist nicht mehr, was er sein wollte oder was er schien. Aber in der entsagungsvollen Beugung unter das naturnotwendige Geschick, im Glanz der Lichter am Fels wird ein Wahres erkennbar, ein Trost fühlbar. Oder besser: ein Schein dauernder Wahrheit.

Und das ist eben die wahre Idealität, die sich realer Mittel so zu bedienen weiß, daß das erscheinende Wahre eine Täuschung hervorbringt, als sei es wirklich. [29]

Es ist der Charakter des Scheins, der uns bei der Betrachtung des dichterischen Bildes nötigt, die Schwebe zwischen Realität und Idealität, von der das Gedicht lebt, nicht zu zerstören. Das Gedicht ist nicht Natur; es hat nicht Bedeutung. Sein Dasein besteht aus der dauernden Verwirklichung beider im jeweils anschauenden Hörer. Es ist aber auch der Charakter des Scheines *als wäre es wirklich*, der dem Gedicht die Kraft der Überzeugung verleiht. Sie entspringt dem Historisch-Materiellen in ihm, das zweifellos gewesen ist. Und wenn es sich jetzt auch anachronistisch darstellt, um das höhere Ganze zu erweisen, so macht es dieses doch erst durch sein einmal vorhandenes Dasein, durch die Überzeugungskraft vollkommener Erfahrung glaubhaft. »Das Gedichtete behauptet sein Recht wie das Geschehene«;[30] und nicht nur das: vom Geschehenen erhält das Gedichtete ein Recht, eine Legitimation seines Daseins nämlich, und es ist nicht mehr nötig, daß dabei das Geschehene in seiner Faktizität erkennbar werde. Der Augenblick ist inkommensurabel geworden; sein unendlicher Wert spricht. Aber niemals kann er aussprechlich werden ohne *das unmittelbar sichtlich Sinnliche*. Es gilt zu verstehen, »... daß der Geist des Wirklichen eigentlich das wahre Ideelle ist. Das unmittelbar sichtlich Sinnliche dürfen wir nicht verschmähen, sonst fahren wir ohne Ballast.«[31]

Alle Elemente des Goetheschen Gedichts, wie sie im Bilde leben, sind in jener Bemerkung aufgezählt, die von *Gelegenheit, Anschauung* und *Höherem* spricht. Jeder einzelne dieser drei Begriffe hat andere, die mit ihm korrespondieren und den gleichen Sachverhalt bezeichnen sollen. Die Gelegenheit ist das Historische, ist Zustand oder Hergang; die Anschauung zeigt das Reale, das Wirkliche, die Natur. Und darin wieder wird das Höhere ahnbar, die Idee, das Ewige, das Allgemeine, wegen seines Geheimniszustandes und seiner Enthaltenheit in den Erscheinungen der Welt auch das Innere genannt. Es ist unmöglich, Goethes folgerichtige Poetik von seinen erkenntnistheoretischen und naturwissenschaftlichen Anschauungen abzutrennen. »Natur und Idee läßt sich nicht trennen, ohne daß die Kunst so wie das Leben zerstört werde.«[32] Aber es ist sehr wohl möglich, Goethes Anschauung vom lyrischen Bilde noch weiter zu bestimmen, dessen Entstehung er in einem Vierzeiler zu begreifen sucht:

Erst Empfindung, dann Gedanken,
Erst in's Weite, dann zu Schranken,
Aus dem Wilden hold und mild
Zeigt sich Dir das wahre Bild.[33]

Erst Empfindung: *heilige Frühe ward empfunden*; oder ein *Mächtiges Überraschen*; ein *Herbstgefühl* voll süßer Reife und geahnter Vergänglichkeit. Aber Empfindung ist etwas Unendliches; sie öffnet die Brust ins Weite, verströmt, regt auf. Sie ist schrankenlos, wenn sie echte und innige Erfahrung ist, und sie entzieht sich der Mitteilung. Der Mensch, der nicht Dichter ist, weiß zu fühlen, aber davon zu sagen weiß er kaum. Es ist Empfindung, ist das Weite, das man als Wesen des Lyrischen bezeichnet hat und bezeichnen mußte, wenn man von der Emanzipation eben dieser Empfindung im romantischen Gedicht ausging. Bei Goethe ist Empfindung im Gedicht enthalten, bewältigt und aussprechlich. Dazu bedarf sie der Einschränkung, die die Wildnis des Fühlens ordnet.

Die bloße Empfindung nämlich ist wild, sie ist ungestalt und formlos. Ihr Übergewicht vor allem war es, das Goethe gegen Arnim und Brentano einnahm:

> ... alles geht durchaus ins form- und charakterlose. Kein Mensch will begreifen, daß die höchste und einzige Operation der Natur und Kunst die Gestaltung sey, und in der Gestalt die Specifikation, damit jedes ein besonderes bedeutendes werde, sey und bleibe. [34]

Das zu erzielen bedarf es einer mehr als bloß poetischen Voraussetzung: »sich selbst Gesetze vorzuschreiben und in den von der Natur gezogenen Kreis zu beschränken.« [35] Der ordnende Kunstsinn schränkt die Empfindung ein, indem er sie auf den einen Gegenstand des Gedichtes gerichtet, von ihm erregt sein läßt. Und dieser Gegenstand ist nicht so allgemeiner Natur, wie oft in der Romantik etwa die Chiffren *Stern*, *Fluß*, *Wald*, sondern er wird so spezifiziert, daß er eine bestimmte, »geschichtliche« Anschaulichkeit erhält. Er muß ein Besonderes sein, um bedeutend sein zu können, denn nur im Besonderen vergegenwärtigt sich die Idee in der Zeit, und nur das Historische hat besonderes Dasein.

Das ist der tiefere Grund, aus dem im Goetheschen Gedicht das Subjektive dem Objektiven untergeordnet erscheint. Diese Unterordnung ist nicht nur ein Akt des Kunstverstandes, sondern durch Einschränkung und Entsagung endlich auch ein sittlicher Akt. Er ist dem Menschen möglich, der sich sein Gesetz vorzuschreiben und den ihm gegebenen Kreis zu erkennen vermag. Er weiß, daß ein Gefühl nie total ausgesprochen, die Natur nie ganz erkannt und die Idee nie vollkommen begreiflich werden kann. Und so ist das Goethesche Gedicht eine Kunst des Möglichen auf der höchsten Stufe;

was Goethe vom Drama Manzonis sagt, mag allgemeiner gelten: »Seine Bemühung muß also dahin gehen, das sittlich-ästhetisch Geforderte mit dem wirklich-unausweichlich Gegebenen völlig in Einklang zu bringen.«[36] Diesen Einklang nennen wir klassisch:

Aus dem Wilden hold und mild
Zeigt sich dir das wahre Bild.

Das Bild, so verstanden, ist nicht mehr bloße Natur, sondern Kunst in der notwendigen Gestalt der Natur. »Gerade das, was ungebildeten Menschen am Kunstwerk als Natur auffällt, das ist nicht Natur (von außen), sondern der Mensch (Natur von innen).«[37] Nur der Mensch spricht in Bildern.

Von dem Zeitpunkt an, da Goethe seine eigenste Redeweise gefunden hatte, sind bei aller Fülle der Gestalten Wirkung und Leistung des Bildes gleichgeblieben. Die Dornburger Gedichte schrieb der Greis; die Sonette der fast Sechzigjährige. Ein früher Lebensaugenblick ward festgehalten, als der Dichter sehr bedeutenden Versen zunächst die Überschrift »Im Herbst 1775« gab, so, wie das Dornburger Gedicht mit dem Datum »September 1828« geschrieben war.

Fetter grüne, du Laub,
Am Rebengeländer
Hier mein Fenster herauf!
Gedrängter quellet,
Zwillingsbeeren, und reifet
Schneller und glänzend voller!
Euch brütet der Mutter Sonne
Scheideblick; euch umsäuselt
Des holden Himmels
Fruchtende Fülle;
Euch kühlet des Mondes
Freundlicher Zauberhauch,
Und euch bethauen, ach!
Aus diesen Augen
Der ewig belebenden Liebe
Vollschwellende Thränen.[38]

Die erste, später durch das allgemeinere »Herbstgefühl« ersetzte Überschrift konkretisierte diese Verse auf einen bestimmten geschichtlich- persönlichen Augenblick. Auch diese Lyrik ist – ihrem Rang entsprechend – historisch, und wenn wir auch nicht wie im Falle der beiden vordem betrachteten Gedichte den einzelnen Anlaß aufzufinden vermögen, so kennen wir doch den Zusammenhang: es ist die Zeit des Abschieds von Lili Schönemann. Aber von diesem Abschied ist in keiner unmittelbaren Weise die Rede. Das Ganze beginnt mit einem sehr eindringlichen Bild, und zwar einem Bilde vollkommener Gegenwart, hier und jetzt – »hier mein Fenster herauf«: der bedeutende Augenblick. Das Weinlaub, die Beeren sind vergegenwärtigt mit aller Fülle des Herbstes, die das Gefühl des Reifens, des Fruchttragens ebenso einschließt wie das der Vergänglichkeit. Eine Stimmung, da die noch warmen Strahlen der letzten Sonne schon die Vorahnung ihres Abschieds bewirken.

In diesem Gedicht ist eine offenbare, sehr enge Beziehung zwischen Person und Sache, zwischen Empfindendem also und seinem Gegenstand. Wie im Volkslied Baum und Sonne angeredet werden, so hier Laub und Frucht. Die Anrede ist drängend und imperativisch: *gedrängter quellet, glänzend voller, reifet schneller*. Ein Drang zu Intensität wird mittelbar, ein Festhalten an der Lebensfülle, entwachsen einer inneren Unruhe und dem Bedürfnis, Entgleitendes halten zu wollen. Indem man so begrifflich zu umschreiben versucht, was das Bild fühlbar macht, bemerkt man, wie es auf seine eigene unersetzliche Weise spricht. Seine Wirksamkeit beruht eben darin, daß es zu sagen vermag, was »in allen Sprachen ausgesprochen doch unaussprechlich bliebe.«

Die ersten fünf Zeilen geben die augenblickliche Grundsituation, Gegenstand und Zustand, einen gegenwärtigsten Lebenskreis. Die folgenden erweitern diesen Kreis. Was der Dichter fühlt und was die Dinge betrifft, tritt in den kosmischen Raum. Der Moment im notwendigen Anachronismus geht aus sich heraus, es fallen die Worte *Sonne, Himmel, Mond*. Nun ist nicht mehr bloß gegenwärtiger Augenblick da, sondern ganzer Tageslauf, die Mächte über der Erde, die in geheimnisvoller Weise ewig auf uns wirken. Indem sich so die Enge am Fenster in die Weite der Welt weitet, indem der Moment in der Jahreszeit aufgehoben wird, bahnt sich eine rhythmische und seelische Beruhigung an. Allerdings noch keine Lösung, wiewohl in

den Zeilen »Euch kühlet des Mondes Freundlicher Zauberhauch«
eine Tendenz zur Kühle, zur Wende herüberweht. Anfangs ist drang-
volle Sinnlichkeit, jetzt ist die magische Kühle des Mondlichts, welches als Sichel auf der Stirne der Diana die Sinnenferne zu bezeichnen pflegte. Eine Spannung zwischen Fülle und Vergehen, zwischen
Hitze und Abkühlung ist gesetzt. Sie löst sich nach einem schmerz-
vollen, befreienden *Ach!*, zu dem das anaphorische *Euch* hingeleitet
hat. Das Lösungsmittel sind die Tränen der Liebe. Die Liebe faßt
den persönlichen und den kosmischen Raum zusammen, beide deuten auf sie hin. Sie zu erkennen war die Möglichkeit dieses Abschieds; sie, erkannt, ist so stark, daß sie die Tränen der Befreiung
bringt. Sie durchdringt den Wein, die Welt, das Scheiden, so wie sie
bei Dante alle Sterne bewegt. Es erweist sich, daß der herbstliche
Abschied, das schmerzliche Lösen im Grunde ein Tun der Liebe ist,
ein Akt belebender Freiheit.

Nochmals gibt uns dieses Gedicht Gelegenheit, die Leistung des
klassischen Bildes zu betrachten. Sie besteht darin, daß drei für sich
vergängliche oder unfaßliche Bereiche in der höheren Einheit des
Bildes anschaulich wirksam und – solange ein Ohr die Sprache vernimmt – dauerhaft werden, ohne an Lebensgeheimnis einzubüßen.
Der erste Bereich ist der geschichtliche. In ihm lebt und spricht der
empfindende Dichter, hier an einem Herbsttag des Jahres 1775. Es
gehört zum Wesen der geschichtlichen Erfahrung, daß sie transito-
risch ist; es gehört zur menschlichen Natur, daß sie eben wegen dieser Flüchtigkeit sich auf Dauer und Sinn richtet – wie sollte sie sonst
im Vergänglichen bestehen? Dauer und Sinn schweben dem Dichter
vor, sie gewähren den geistigen Bereich, der als Idee – oder wie immer Goethe es nennen mag – das dritte und bedeutendste Element
des Bildes begründet. Sowohl das »Geschichtliche« als das »Ideale«
sind auf einer Ebene gefaßt, welche Goethe mit der ihm eigenen
Enthaltsamkeit die der »tieferen Verhältnisse«[39] nennt. Die Idee
entzieht sich ihrem Wesen nach dem Begriff: Liebe ist im Worte
nicht erschöpflich. – Aber das Wunderbare des Bildes besteht darin,
daß sein anderes Element, der Gegenstand der Natur, das Geschichtliche wie auch das Ideale aussprechlich machen und sich mit
ihnen zu einem neuen Ganzen vollkommen vereinigen kann, welches den Schein der Wirklichkeit mit dem Abglanz der Idee vorbringt, indem es mit der persönlichen Stimme des Dichters spricht.

Der Dichter ist angewiesen auf Darstellung. Das Höchste derselben ist,
wenn sie mit der Wirklichkeit wetteifert, das heißt, wenn ihre Schilderun-
gen durch den Geist dergestalt lebendig sind, daß sie als gegenwärtig für
jedermann gelten können. Auf ihrem höchsten Gipfel scheint die Poesie
ganz äußerlich; je mehr sie sich in's Innere zurückzieht, ist sie auf dem
Wege zu sinken. – Diejenige, die nur das Innere darstellt, ohne es durch
ein Äußeres zu verkörpern, oder ohne das Äußere durch das Innere durch-
fühlen zu lassen, sind beides die letzten Stufen, von welchen aus sie in's
gemeine Leben hineintritt. [40]

Das allmähliche Hineintreten ins gemeine Leben gibt den Gegenstand einer Geschichte des lyrischen Bildes ab, welche (denn es
handelt sich um Geschichte) nicht beklagt, sondern konstatiert. Im
Falle des Goetheschen Bildes aber ist für einen klassischen Moment
die Ausgewogenheit der Bildelemente gelungen. Keines überwiegt:

Alles was im Subject ist, ist im Object und noch etwas mehr. Alles was im
Object ist, ist im Subject und noch etwas mehr. Wir sind auf doppelte Wei-
se verloren oder geborgen. Dem Object sein Mehr zuzugestehen und auf
unser subjectives Mehr zu verzichten. Das Subject mit seinem Mehr zu er-
höhen und jenes Mehr nicht anerkennen. [41]

Subjektives Gefühl und persönliche Erfahrung geben sich dem Gegenstande anheim, der sie mitenthält, und mehr. Sie suchen sich
nicht unmittelbar und überwiegend auszusprechen, sie ordnen sich
vielmehr dem Gegenstande unter und finden sich auf diese Weise
geborgen. Der Gegenstand selbst überwiegt nicht in krassem Realis-
mus, er läßt das Menschliche durchscheinen und hebt es auf. Im
neuen Ganzen ist die Natur mehr als bloß konkret, und das Persönliche nicht nur historisch. So wird ein Zustand der Schwebe und des
Scheins bewirkt, wesentlich bestimmt dadurch, daß keinem seiner
Elemente die Emanzipation gewährt wird, nach der sie streben. Sie
bleiben gehalten in der gestalteten Einheit, die sie aufnahm und ihnen übergeordnet ist. Dabei ist die »Idee« nicht ein tertium compa-
rationis, sondern alles durchdringendes Leben, fühlbar eben dadurch, daß zwischen Ich und Gegenstand Grenze und Spielraum erhalten bleiben. Nicht umsonst leiten die betrachteten Gedichte nach
Form und Wesen auf das Hervortreten des Bedeutenden hin.

Bei all diesen analytischen Erwägungen darf nun keineswegs aus dem Auge verloren werden, daß das Bild eine Einheit darstellt. Der Versuch, es zu verstehen, mag sich seiner Teile erinnern. Aber er wird nur gelingen, wenn er es um der vollkommenen Erfahrung jener Einheit willen tut. Er muß weiter bedenken, daß auch das Bild nur eine Weise ist, allerdings eine sehr würdige, sich dem Unergründlichen anzunähern. Nur auf poetische Weise sind die beunruhigenden Widersprüche zwischen Sukzession und Simultaneität, zwischen Erfahrung und Idee, zwischen Subjekt und Objekt aufgehoben. Nie wird das Bild vollkommen verständlich, immer aber vollkommen anschaulich sein.

> *In der Poesie gibt es keine Widersprüche. Diese sind nur in der wirklichen Welt, nicht in der Welt der Poesie ... Was der poetische Geist erzeugt, muß von einem poetischen Gemüt empfangen werden. Ein kaltes Analysieren zerstört die Poesie und bringt keine Wirklichkeit hervor.* [42]

Für den Betrachter der Literatur ergeben sich aus diesen Erwägungen über das lyrische Bild Folgerungen in zweifacher Hinsicht. Die eine betrifft seine Aufgabe, das einzelne Gedicht so gut wie möglich zu verstehen; die andere bezieht sich auf einen möglichen Aspekt der Literaturgeschichte. Bei der Bemühung zu verstehen hat der Betrachter nicht nur die Inkommensurabilität der poetischen Produktion im Auge, die notwendig ist, weil das Ausgesprochene nicht auf den Begriff geht; er wird sich auch, sofern es sich um ein lyrisches Gedicht handelt (und nicht nur da), der Elemente des Bildes erinnern. Und dabei wird von Goethe selbst mit aller Entschiedenheit eine Rücksicht betont, die man gern vernachlässigt oder gar mit dem als Scheltwort gemeinten Worte »historistisch« zu mindern getrachtet hat: die Rücksicht auf das Geschichtliche.[43] Keine Interpretation, wenn sie das Ganze nacherschaffen will, kann darauf verzichten. Tut sie es, so verzichtet sie auf das Bildelement, von dem Goethe sagte:

> *Das Benutzen der Erlebnisse ist mir immer alles gewesen; das Erfinden aus der Luft war nie meine Sache, ich habe die Welt stets für genialer gehalten, als mein Genie.* [44]

Die Vernachlässigung des Geschichtlichen übersieht auch, daß die Elemente sich ja aneinander aussprechen, daß der Augenblick nichts ohne den Gegenstand ist und die Person zur Sprache der Natur bedarf; vor allem aber, daß die »Bedeutung«, nach der so gern wie in einer simplifikatorischen Gleichung gefragt wird, ohne das Geschichtliche und ohne den Anschein der Natur gar nicht im Gedichte vorhanden wäre. Es kann also um des rechten Verstehens willen auf die Frage nach keinem dieser Elemente Verzicht getan, es kann aber auch keines isoliert und nur für sich verstanden werden. In beiden Fällen wird das lebhafte Ganze vernichtet. Immer wieder ist der Satz zu ehren, daß man sich bei der Betrachtung von Gedichten zwischen dem Wirklichen und dem Ideellen zu halten habe. Dieser Satz ist ein Gipfel jeder Poetik. Und so muß auch der Deutende Entsagung üben: ein vollkommenes Verstehen des Ganzen gibt es nicht. Nochmals sei zitiert:

> *Die Symbolik verwandelt die Erscheinung in Idee, die Idee in ein Bild,*
> *und so, daß die Idee im Bild immer unendlich wirksam und unerreichbar*
> *bleibt und, selbst in allen Sprachen ausgesprochen, doch unaussprechlich*
> *bliebe.* [45]

Nicht weniger bedeutsam scheinen auch die Fragen, die sich für die Literaturgeschichtsschreibung aus der Betrachtung des lyrischen Bildes ergeben. Dieses Bild hat selbst Geschichte, und die Bedingungen, unter denen es sich bei Goethe darstellt, sind unwiederholbar. Offenbar wohnen den Grundelementen des Bildes zentrifugale Kräfte ein, und der Mensch liebt es, einzelnen Aspekten ein Übergewicht vor den anderen zu geben. Die klassische Einheit dauert nicht. Man kann die Geschichte des lyrischen Bildes als den Vorgang der Emanzipation der klassischen Bildelemente verstehen. Dabei gewinnen entweder das subjektive Fühlen oder eine den Gegenstand überstimmende Bedeutung den Vorrang, ganz abgesehen von der stets gegenwärtigen Möglichkeit, das *Reale an sich* (das an sich gleichgültig ist) für vollkommen wichtig zu nehmen.

Dem absoluten Gefühl ist die Natur nicht mehr selbst bedeutend: sie wird zur Chiffre der persönlichen Empfindung, die keine Grenze kennt. Die Bestimmtheit des Gegenstandes löst sich ebenso auf wie diejenige der Person; das Bild hat nicht mehr auch äußerlich-inhaltliche Bedeutung, sondern es wird vor allem zum Stimmungsträger.

Angesichts dieser Vorherrschaft des Subjektiven über das Objektive geschieht etwas mit dem Gegenstande, welcher sich so intensiv beansprucht findet. Er wird nicht nur grenzenlos, unbestimmt. Er verliert auch an Sagekraft, indem er so stark gebraucht wird. Dem Sprecher ist unbewußt, daß es eine Leistung sei, Totalität nicht zu wollen und nicht ganz im Unendlichen aufzugehen; denn die Absicht des erschöpfenden Aussprechens überschreitet stets das Mitteilbare. So kommt es, daß das romantische Gedicht zumeist nicht nur mehr von *einem* sich in Raum und Zeit entfaltenden Bilde lebt. Es reiht viele Bilder, Bilderfluchten ständiger Gemütsspiegelung, ohne Verweilen auf- und abklingend. Keine Figur wird festgehalten, vielmehr geht sie sogleich in Seelenraum über. Die letzte, späteste Folge davon ist in unserem Jahrhundert die expressive Häufung atomistischer Chiffren. Zusammenhang der Person und Zusammenhang der Natur sind verlorengegangen, und das Bild verbraucht sich. Es war alles andere als nur Ironie, wenn Heinrich Heine, der bei dieser Entwicklung eine so entscheidende Rolle gespielt, sich zu dem Ausruf hinreißen ließ: »Ein Bild! Ein Bild! Mein Pferd für'n gutes Bild!«[46] In der Grenzenlosigkeit zwischen Individuum und Gegenstand wird die Möglichkeit der Stellvertretung aufgehoben, die das ursprünglichste Geheimnis des Bildes ist. Da kann denn ein junger Mensch, Gottfried Benn, im Jahre 1912 schreiben: »vielleicht sei schon die Metapher ein Fluchtversuch, eine Art Vision und ein Mangel an Treue.«[47]

Aber das ist nur eine Konsequenz aus der Emanzipation der Bildelemente, die in den folgenden Kapiteln dargestellt wird. Es gibt auch eine Emanzipation der Bedeutung. Goethe findet die Bedeutung, sie schwebt ihm vor, sie ist von Natur mit dem Gegenstand verbunden, den sie durchdringt: »Kann man doch im höheren Sinne sagen, daß die Ansicht der Gegenstand sei.«[48] Und: »Mein ganzes inneres Wirken erwies sich als eine lebendige Heuristik, welche, eine unbekannte geahnete Regel anerkennend, solche in der Außenwelt zu finden und in die Außenwelt einzuführen trachtet.«[49]

Diese Anschauungsweise hat den unauflöslichen Zusammenhang von Ding und Idee zur Voraussetzung, sie ist »... überzeugt, daß alles was innen ist auch außen sei, und daß nur ein Zusammentreffen beider Wesenheiten als Wahrheit gelten dürfe«.[50]

Es gibt jedoch eine Poesie, in der der ideale Entwurf vor der Wirklichkeit geht, in der die Bedeutung sich verselbständigt hat. Der

Dichter ist für Goethe *symbola animadvertens,* und damit ordnet sich ihm das Dasein *omnia intelliget licet non omnino.*[51] Das lebendige Geheimnis bleibt Geheimnis, die Natur spricht sich selbst aus, ihre Wahrheit wird wahr genommen.

> *Ruhig Wasser, grause Höhle,*
> *Bergeshöh und ernstes Licht,*
> *Seltsam, wie es unsrer Seele*
> *Schauderhafte Laute spricht.*
> *So erweis't sich wohl Natur,*
> *Künstlerblick vernimmt es nur.*[52]

Anders, wenn der Sinn in sie hineingetragen wird. Dann spricht die Natur nicht mehr selbst für uns, sondern sie wird qualifiziert, damit sie erwünschte Bedeutung habe. Sie ist nicht mehr selbst verständlich, sondern wird verschlüsselt, sei es zum gewaltigen Mythologie-Entwurf, wie bei Hölderlin, sei es zur sinnlich-schmerzlichen Hieroglyphe, wie viel später bei Trakl. Es ist nicht mehr ihr eigener Zusammenhang, der sich darstellt: eine Verschiebung ist vor sich gegangen, die sich ankündigt, wenn Ovids *durat opus vatum* von Hölderlin mit dem berühmten Satze wiedergegeben wird: »Was bleibet, stiften die Dichter.«[53]

So ist die Leistung des Goetheschen Bildes geschichtlich auch in dem Sinn, daß es eine vergehende Möglichkeit lyrischer Rede verwirklicht, einmalig, wie alles in der Geschichte Ursprüngliche. Aber die Möglichkeit des Menschen, die sich in jenem Zusammenklang von Person, Natur und Sinn verwirklicht hat, die Erkenntnis: »Der Mensch erlangt die Gewißheit seines eigenen Wesens dadurch daß er das Wesen außer ihm als seines Gleichen, als gesetzlich anerkennt.«[54] – All dies bleibt weit mehr als nur Ergebnis der Bemühung um die Poesie:

> *Lasset Lied und Bild verhallen,*
> *Doch im Innern ist's gethan.*[55]

Welt in der Welt
Friedrich Hölderlin

Neben anderen Fragmenten des Pindar hat Hölderlin auch das Fragment ἀνδροδάμαντα δ' ἐπεὶ Φῆρες ... »Als die Kentauren die männerbezwingende« (Schröder 166) übersetzt und auf eine Weise gedeutet, die mit dem offenbaren Sinn des Gedichts so wenig in Zusammenhang zu stehen scheint wie die überraschende Überschrift.

Das Belebende

Die männerbezwingende, nachdem
Gelernet die Centauren
Die Gewalt
Des honigsüßen Weines, plötzlich trieben
Die weiße Milch mit Händen, den Tisch sie fort, von selbst,
Und aus den silbernen Hörnern trinkend
Bethörten sie sich.

Der Begriff von den Centauren ist wohl der vom Geiste eines Stromes, so fern der Bahn und Gränze macht, mit Gewalt, auf der ursprünglich pfadlosen aufwärtswachsenden Erde.
Sein Bild ist deswegen an Stellen der Natur, wo das Gestade reich an Felsen und Grotten ist, besonders an Orten, wo ursprünglich der Strom die Kette der Gebirge verlassen und ihre Richtung quer durchreißen mußte. Centauren sind deswegen auch ursprünglich Lehrer der Naturwissenschaft, weil sich aus jenem Gesichtspunkte die Natur am besten einsehn läßt.
In solchen Gegenden mußt' ursprünglich der Strom umirren, eh' er sich eine Bahn riß. Dadurch bildeten sich, wie an Teichen, feuchte Wiesen, und Höhlen in der Erde für säugende Thiere, und der Centauer war indessen wilder Hirte, dem Odyssäischen Cyklops gleich; die Gewässer suchten sehnend ihre Richtung. Jemehr sich aber von seinen beiden Ufern das troknere fester bildete, und Richtung gewann durch festwurzelnde Bäume, und Gesträuche und den Weinstok, destomehr mußt' auch der Strom, der seine Bewegung von der Gestalt des Ufers annahm, Richtung gewinnen,

bis er, von seinem Ursprung an gedrängt, an einer Stelle durchbrach, wo
die Berge, die ihn einschlossen, am leichtesten zusammenhiengen. So
lernten die Centauren die Gewalt des honigsüßen Weins, sie nahmen von
dem festgebildeten, bäumereichen Ufer Bewegung und Richtung an, und
warfen die weiße Milch und den Tisch mit Händen weg, die gestaltete
Welle verdrängte die Ruhe des Teichs, auch die Lebensart am Ufer verän-
derte sich, der Überfall des Waldes mit den Stürmen und den sicheren Für-
sten des Forsts regte das müßige Leben der Haide auf, das stagnirende Ge-
wässer ward so lange zurükgestoßen, vom jäheren Ufer, bis es Arme ge-
wann, und so mit eigener Richtung, von selbst aus silbernen Hörnern trin-
kend, sich Bahn machte, eine Bestimmung annahm.
Die Gesänge des Ossian besonders sind wahrhaftige Centaurengesänge,
mit dem Stromgeist gesungen, und wie vom griechischen Chiron, der den
Achill auch das Saitenspiel gelehrt. [1]

Die Kentaurensage, die Pindar erzählt und von der wir in der Deutung kaum etwas wiederfinden, war Hölderlin von Jugend an vertraut. Schon als Knabe mußte er sie in der Odyssee gelesen haben:

Selbst der berühmte Kentaur Eurytion tobte vor Unsinn,
Als der Wein ihn berauscht in des edlen Peirithoos Wohnung:
Denn er kam den Lapithen zu Gast; doch im Rausche des Weines
Raste sein Herz, daß er Greuel verübt' in Peirithoos Saale ... [2]

Es ist der Mythos vom Streit zwischen Kentauren und Lapithen,
ausgebrochen bei der Hochzeit des Peirithoos, als jene, vom süßen
Weine aufgeregt, sich an den Weibern der Gastgeber vergehen wollten. Der Vorfall, der mit der Vertreibung oder Vernichtung der Kentauren endete, hat die vielfältigste Darstellung in der antiken Literatur und Kunst gefunden, und es besteht kein Zweifel, daß Hölderlin
die späte Schilderung bei Ovid (Met. XII, 210 ff.) so gut gekannt hat,
wie die Ermahnungen, die Horaz (Carm. I, 18,7) daran knüpft. Als
jugendlicher Seminarist hat er die Verse des ersten Gesanges der Ili-
as in deutsche Prosa übertragen, wo Nestor sich dieser Geschichte
erinnert und seine Arbeit kurz vor einer zweiten Stelle abgebrochen
(Il. II, 742 ff.), wo das Ereignis nochmals erwähnt wird. Über die Vorstellungen, welche die Alten von den aus Menschen- und Pferdeleib
zusammengesetzten Halbgöttern gehabt, welche Sagen sie darüber

gebildet, war sich der Dichter also im klaren, und alle etwa noch nötige Auskunft hätte ihm ein Handbuch der Mythologie gewährt, wie z. B. des M. Hederich »Gründliches mythologisches Lexicon«, das Goethe zur Hand war und wohl auch von Hölderlin benutzt wurde. Dort findet sich die traditionelle Etymologie, die den Namen der Kentauren von κεντέω (ich steche) und ταῦρος (der Stier) abgeleitet wissen will.[3]

Diese »historischen« Gegebenheiten jedoch treffen auf die Ansichten, die sich Hölderlin über das Wesen des Mythos, oder wie er zu sagen pflegt, *der Mythe* gebildet hat. Schwer entwirrbar, aber doch deutlich in ihren Grundzügen finden sie sich in den theoretischen Fragmenten, vor allem in demjenigen, das gemeinhin »über die Religion« genannt ... wird.[4] Hölderlin erblickt in der Mythe ein Bild, die sinnfällig-anschauliche Vorstellung, die sich der Mensch von den höheren Zusammenhängen und Gesetzen dieser Welt macht, weil er sie mit dem Denken allein nicht zu ergreifen vermag. Der Gedanke erschöpft die Unendlichkeit des Lebens nicht. Der *Begriff*, mit dem auch die vorliegende Pindarinterpretation einsetzt, vermag nicht zu genügen, weil die Zusammenhänge, insofern sie wirklich und geschichtlich wurden, niemals ohne einen besonderen Fall, niemals abstract gedacht werden können. Er verlangt nach einer *Vorstellung*, er muß auf eine sinnfällige Weise in die zeitliche Wirklichkeit eintreten, ohne die begrifflich gefaßte Bedeutung, den *Geist* – in unserem Falle des Stromes – zu verlieren, Gedanken, die denen Goethes nicht fern liegen. Die sinnfällige Erscheinung eines solchen Geists, des Begriffs einer bestimmten Sphäre, nennt Hölderlin *Mythe*. Die *Mythe* vereinigt für ihn das im Denken Unvereinbare, in ihr ist ein gedachtes Prinzip anschaulich wirklich geworden. Mythische Verhältnisse sind nicht nur intellectual, wie der Begriff von etwas, sie sind auch nicht nur historisch, wie das in der zeitlichen Wirklichkeit Erscheinende, sondern intellectuell historisch, d. h. *mythisch*. Jede Mythe nimmt die »historische« Beglaubigung des »Es war einmal ...« für sich in Anspruch, sie erscheint als wirklich erlebt und hat in Vorstellung und Überlieferung die vielfältige Bezogenheit von realen physischen, mechanischen, historischen Verhältnissen, d. h. sie wird *genau* vorgestellt. Dabei bewahrt sie aber ihren intellectualen Karakter, ohne den die mythische Erscheinung eine Erscheinung wie jede andere sein würde. Hölderlins Mythen-Begriff setzt also sowohl die bestimmte Anschauung wie deren immanenten Sinn voraus. Seine Differenziertheit und theoretische Begründung werden im Laufe der Pindar-Interpretation immer deutlicher hervortreten.

Es entspricht dieser Theorie, wenn Hölderlin die Interpretation definitorisch beginnt und den Begriff festlegt, der der mythischen Anschauung von Kentauren zugrundeliegt (Abs. 1). Der Frage also, was der Pindar-Text über die Kentauren sage, wird eine Bestimmung vorgezogen, was allgemein unter Kentauren zu begreifen sei: der *Geist eines Stromes*. Die Beziehung zwischen den Kentauren und fließendem Wasser ist nicht neu. Die Alten dachten sich die Wohnsitze der φῆρες (der Wildtiere) gern in den Bergwäldern, wo zur Zeit der Schneeschmelze die reißenden Gewässer hcrniederbrausen, Bäume und Sträucher niederknickend wie ein flüchtiges Tier das Gehölz. Das steht in den schönen Versen Vergils, die das Stürmen zweier Argiverhelden schildern:

ceu duo nubigenae cum vertice montis ab alto
descendunt centauri, Homolen Othrynque nivalem
linquentes cursu rapido; dat euntibus ingens
silva locum et magno cedunt virgulta fragore. [5]

Die sinnfällige Anschaulichkeit dieser Schilderung eröffnet uns den Kern einer Vorstellung Hölderlins, dessen Wort die zauberische Fähigkeit hat, urbildliche, mythische Wirklichkeiten zu erspüren, die, lange vergessen oder bloß literarisch geworden, bei ihm neues Leben in eigenen Bildern gewinnen. Ein Leben allerdings, das in einer besonderen, hölderlinschen Mythologie zur Sprache kommt, die anderer Natur als die antike ist, und deren Kenntnis erst das Verständnis dieses ersten wie der folgenden Interpretationsabschnitte möglich macht.

Es ist hier die Rede von einer Wirksamkeit der Ströme auf Erden. *Ursprünglich*, vor dem Eingriff der Wasser, ist diese Erde eine Wildnis, ungegliedert und chaotisch. Wollte sich einer auf ihr zurechtfinden – und das gilt auch, nicht zuletzt, für die Götter –, so wäre er in der unkultivierten Wildnis verloren, die nur das Dickicht ungebundener Vegetation kennt. Denn alles Natürliche hat einen Ordnung zerstörenden Hang ins Ungebundene, der vor aller Kultur war und wieder eintreten will. Über die Notwendigkeit, über die Bewußtlosigkeit bloßen, biologischen Lebens hinausweisendes, eigentliches Leben kann hier nicht gedeihen:

> Es sprosset aber
>> viel üppig neidiges
> Unkraut, das blendet, schneller schießet
> Es auf, ...
>
>> ... und schonet
> Den Raum nicht, und die Pfade bedeket,
> Weitgährend, ein dampfend Gewölk
>
>> die unbeholfene Wildniß.[6]

Das ist der Zustand, der in der Pindar-Interpretation mit *aufwärtswachsend* und *pfadlos* bezeichnet wird. Abgesehen davon, daß in dem unendlichen, wilden Raume ein menschliches Leben unmöglich ist – auch die göttlichen Mächte vermögen auf solcher Erde nicht heimisch zu sein. Denn es bedürfen auch

> Die Himmlischen eines Zaunes oder Merkmals,
> Das ihren Weg
> Anzeige, ...[7]

Die Überzeugung, daß die Götter zu ihrer irdischen Realität und Wirksamkeit der Mitwirkung bedürfen, ist ein Fundamentalsatz Hölderlinscher Theologie. Sie wollen nicht nur verehrt sein, sie brauchen auch Pfad und Zaun, »Bahn und Gränze«, in der Wildnis können sie nicht sein.

Die ersten, welche die endlose Wildnis durchbrochen, gleichsam den Anfang der Kultur geschaffen, sind die Ströme, schon das rückt sie für Hölderlins mythenbildende Phantasie in die Nähe der großen Ordner, der Heroen.

> Es brauchet aber Stiche der Fels
> Und Furchen die Erd',
> Unwirthbar wär es, ohne Weile; ...[8]

Die Ströme machen das Land wirtlicher, daß die Himmlischen Weile haben:

Umsonst nicht gehn
Im Troknen die Ströme ...
Darum sind jene auch
Die Freude des Höchsten. Denn wie käm er
Herunter? [9]

Diese Verse, wie alle Hölderlins, sind vieldeutig. Sie entsprechen ebenso den Bedingungen eines geschlossenen mythologischen Systems, die uns noch ausführlicher beschäftigen werden, als auch der unmittelbarsten Anschauung echter Bilder. Die Ströme gehen als sinnvolle Zeichen, deren Richtung Verbindung, Bahn, Grenze gewährt, über die Länder, und es ist bekannt, wieviel tiefsinnige Bedeutung der Dichter darin erkennt. An ihrem Gang können sich die Himmlischen finden und halten. Die Ströme stechen den Fels: sie durchbrechen ihn, und man geht nicht fehl, wenn man hier einen der beim späten Hölderlin häufigen Gräcismen ($\varkappa\varepsilon\nu\tau\varepsilon\tilde{\iota}\nu$ = stechen) vermutet,[10] mit dessen Hilfe etymologisierend Strom und Kentaur identifiziert werden. Aber so *stechend* gewinnen die Ströme nicht nur Richtung, sondern sie machen auch urbar,[11] indem sie die Felsen zerkleinern und die Erde furchen. Damit erfüllen sie eine andere Funktion des Kultus, sie ermöglichen den Ackerbau und seine höchste Form, den Anbau der heiligen Rebe. All diese Bedeutungsschichten muß man gleichzeitig, konsonierend gegenwärtig haben, wenn man Hölderlins Deutung weiter folgen will; sie sind enthalten in der abstrakten Formel *Geist eines Stromes*.

Begann die Interpretation mit dem *Begriff* vom Kentauren, so fährt sie, Hölderlins Mythentheorie folgend, im zweiten und dritten Absatz mit der Feststellung fort, wo sein *Bild* anzutreffen sei. Damit stellt sich zugleich die Frage nach den historischen überlieferten Zügen, mit denen der Begriff vom Stromgeist verwirklicht worden ist, eine Frage, die durch die der Naturbeobachtung entwachsene Betrachtung seiner physischen und mechanischen Verhältnisse zu ergänzen ist. Nachdem die Identität Strom – Kentaur einmal gesetzt ist, wird sie immer inniger vollzogen. Zwar versucht Hölderlin für einen Augenblick, mit der Wendung »Sein Bild ist an Stellen der

Natur« dem Mythos kritisch gegenüberzutreten: der Kentaur repräsentiert die lebendigen Kräfte der Natur, welche sichtbar werden, wo Wasser Felsen durchbricht. Da ist sein Bild, da ist die Vorstellung von ihm zu Hause. Aber da bei Hölderlin alles in der Spannung zwischen Abstraktion und sinnlicher Anschauung steht, wendet er sich sogleich der konkreteren Vorstellung des Schauplatzes zu, wo der Durchbruch der Gewässer in die Freiheit der Ebene erfolgt und der Strom endgültige Richtung und eigenes Wesen gewinnt. An dieser Stelle wohnt der Stromgeist eigentlich, dort findet die schlechthin entscheidende Wirkung statt. An dieser Stelle sind Felsen und Grotten. Das lehren Erfahrung und unmittelbare Anschauung, wie sie in der Schilderung des Ausbruchs des jungen Rheins aus den Alpen[12] die großartigste dichterische Darstellung gefunden haben.

Der physische Vorgang, wie Hölderlins Strom-Mythologie zeigt, schon an sich bedeutsam, erhält noch tieferen Sinn durch die mythische Historie der Alten. In diesen von den Stichen der Wasser geschaffenen Grotten, an den Felsen wohnt der Stromgeist. Ist nicht der göttliche Kentaur Chiron in einer weitberühmten, unzerstörbaren Grotte zu Hause gewesen, im ἄφθιτον Χείρωνος ἄντρον (Pind. I, 8,41, ebenso P.9,30)? Wohnten nicht die Kentauren auf der Höhe des thessalischen Bergwalds, von dem sie, wie Vergil schildert, stromgleich hinuntereilen? Von dieser Höhe, so verbindet nun Hölderlin mythologisierend Anschauung und Tradition, mußten sie Weitblick haben und die Natur übersehen; deshalb sind sie die ersten Naturkundigen gewesen.

So erhält der Strom-Kentaur-Mythos eine weitere »historische« Begründung, indem der Sagenkreis um Chiron einbezogen wird. Chiron, σοφώτατος ... μουσικῆς τε ἅμα ὢν καὶ δικαιοσύνης καὶ ἰατρικῆς διδάσκαλος,[13] »hochweiser Lehrer zugleich der Musik, des Rechts und der Heilkunst«, war der Lehrer der Heroen, des Herakles und Achill vor allem, die Ordnung auf Erden gestiftet haben. Er war voller Weisheit, hat die Pflanzen unterscheiden gelernt, ist in die Geheimnisse der Natur gedrungen und hat sie als Arzt gebraucht, er kannte die Zeichen des Himmels und hat sie die Menschen gelehrt.[14] All dies hat er *ursprünglich* getan, mitwirkend, daß aus der Wildnis Wohnung werde.

Das Wort *ursprünglich* kehrt in der Pindar-Interpretation viermal wieder. Es weist darauf hin, daß die sagenhaften Geschehnisse am Anfang der geschichtlichen Zeit vor sich gingen; es bezeichnet zugleich das »Bahnbrechende«, das allen diesen ursprünglichen Leistungen eigen ist und sie in Hölderlins Sinn qualitativ miteinander verbindet. Ob der Strom die Erde gliedert und fruchtbar macht, ob Herakles böse Gewalten bändigt, ob Bacchus die auf dem Boden unkultiviert irrende Rebe aufrichtet, die Begeisterung des Weines ermöglicht und die Tiere zähmt, sie alle erfüllen brüderlich die gleiche Funktion, von der im folgenden im Zusammenhange mit Christus die Rede ist:

> ... *denn zu sehr*
> *O Christus! häng ich an dir;*
> *Wiewohl Herakles Bruder*
> *Und kühn bekenn ich, du*
> *Bist Bruder auch des Eviers, der einsichtlich, vor Alters*
> *Die verdrossene Irre* (scil. Rebe) *gerichtet*
> *Der Erde Gott, und beschieden*
> *Die Seele dem Thier ...*
> *Aber rechte Wege gebot er mit Einem mal und Orte*
> *Die Sachen auch bestellt er von jedem.*[15]

Das Gebieten der rechten Wege und Orte hat Chiron mit den Strömen und Helden gemein. Ja seine Gestalt mußte für Hölderlin noch besonders anziehend sein durch die Tatsache, daß er dem Achill das Saitenspiel beibrachte, daß er also ein Sänger war. Damit eröffnet sich die Beziehung zum Dichter, der wie alle bislang Genannten auch jetzt noch, in dunkler Zeit, dem Göttlichen auf Erden Raum und Wort geben kann. Aber ehe Hölderlin ganz in die Tiefen mythologischer Spekulation eingeht, verweilt er vorbereitend noch bei den ursprünglichen Verhältnissen, insofern sie *physisch* sind. Er spricht weiter von dem Ort, wo die Kentauren wohnen, im vierten Absatz seiner Interpretation.

Nochmals geht der Dichter von der anschaulichen Vorstellung aus. Er fragt sich, wie es sein müsse, wenn der Strom ans Licht getreten ist. Noch hat er kein Bett,

> *Schwer verläßt,*
> *Was nahe dem Ursprung wohnet, den Ort.*[16]

Er irrt umher, wie Quellen auf Bergwiesen, noch ist ihm keine Richtung gegeben, er »strömt« nicht. Der Kentaur ist Hirte,[17] er lebt im Stande der einfachsten und anfänglichsten Kultur, ja die Vergleichung mit dem Zyklopen stellt ihn in einen vorkultischen Zeitraum. Solange dem Wasser die Richtung fehlt, muß auch der Kentaur ohne Bestimmung sein. Aber die Sehnsucht ins Unendliche ist da. Das nachquellende Wasser spült Erde an, die Ufer verfestigen sich durch festwurzelnde Gewächse, das Gewässer, zuvor versickernd und verströmend, findet Widerstand. Gerade dieser Widerstand gibt ihm Richtung und belebt seine Bewegung. Vom Ursprung her drängt es, so wie uns die Rheinhymne das gewaltige Drängen des jungen Stromes schildert. Es ist eine sich steigernde Wechselwirkung: je mehr Widerstand die Gewässer finden, um so gewaltiger werden sie gerichtet:

> *Denn wo die Ufer zuerst*
> *An die Seit ihm schleichen, die krummen,*
> *Und durstig umwindend ihn,*
> *Den Unbedachten, zu ziehn*
> *Und wohl zu behüten begehren*
> *Im eigenen Zahne, lachend*
> *Zerreißt er die Schlangen und stürzt*
> *Mit der Beut und wenn in der Eil'*
> *Ein Größerer ihn nicht zähmt,*
> *Ihn wachsen läßt, wie der Bliz, muß er*
> *Die Erde spalten, und wie Bezauberte fliehn*
> *Die Wälder ihm nach und zusammensinkend die Berge.*[18]

Der Durchbruch ist erfolgt, das Wasser hat seine Richtung erlangt und Bestimmung gewonnen. jetzt erst ist es Strom, der als bedeutendes Zeichen Richtung weist, das Land anbaut, Kinder erzieht und Göttern und Menschen eine Wohnstatt bereitet.

Die Schilderung dieses Vorgangs hat bisher nicht die geringste Verbindung mit der in Frage stehenden Pindar-Stelle. Nur das Wort Kentaur ist Pindars Versen und Hölderlins Überlegungen gemein, die offenbar ein zweifaches Ziel haben. Einmal wollen sie die Identifikation von Kentaur und Strom durch allerlei »historisch«-mythologische Erinnerungen begründen: zum andern wollen sie diese Begründung verstärken durch die Hervorkehrung gemeinsamer Züge, die Kentauren und Strömen im Denken Hölderlins und in seiner Anschauung eigen sind. Vor allem tritt dabei Hölderlins Strom-Mythologie hervor, abgekürzt in jener Formel »Geist eines Stromes« enthalten, explicite im ganzen Hölderlinschen Werk. Das Leben der Ströme unterliegt den gleichen Gesetzen wie alles irdische Leben. Sie haben eine Sehnsucht ins Unendliche, einen Drang ins Aorgische. Sie würden sich *verströmen,* nie ihr eigentliches und eigenes Dasein gewinnen, wenn sie nicht den vorbestimmten Widerstand des Schicksals fänden, der ihnen Richtung und Halt gibt. Das tun die Ufer, die den Strom bestimmen und vom Strom bestimmt sind. Erst in der Unterwerfung unter ihren Zwang (der, so zeigte der vorige Interpretationsabsatz, ein zugleich selbst bewirkter, selbst auferlegter ist) gewinnen die Ströme die Freiheit, erlangen sie die Richtung und Bestimmung. Ohne die Einsicht in diese Notwendigkeit ist kein höheres Leben, jedes braucht solchen Halt. Gott weiß das und lächelt, wenn der Strom es verkennt und gegen die Felsen sticht.[19] Er weiß, daß hier Schicksal waltet:

Wohl muß
Umsonst nicht ehren der Geist
Das Schiksaal. Das will heißen
Der Sonne Peitsch und Zügel.[20]

Freiheit wird erst im Erkennen und Ehren des Geschicks erlangt, und was Schicksal sei, sagt diese späte Stelle. Das Leben verwirklicht sich im Widerstreit zwischen dem unendlichen Drang und dem Halt, zwischen der Sehnsucht nach Richtung und der »Gewalt des Ufers«. Es braucht Zügel, die Einhalt tun und die Peitsche, welche belebt. Der Kentaur, der Strom, hat hier beides gewonnen. Wie zufällig steht unter den festwurzelnden Pflanzen, die das vom Strom mitgeschaffene Ufer bewachsen und festigen, eine mit Namen genannt: der *Weinstok, Das Belebende.* Das Wort *Weinstok* gibt den Angelpunkt für die jetzt mit einem entschiedenen *So* einsetzende eigentliche Deutung, als deren voraussetzendes Wie alles zuvor Gesagte anzusehen ist.

So lernten (δάεν) die Centauren die Gewalt des honigsüßen Weins (ἀν-
δροδάμαντα ῥιπὰν μελιαδέος οἴνου), sie nahmen von dem festgebilde-

ten bäumereichen Ufer Bewegung und Richtung an, und warfen die weiße
Milch und den Tisch²¹ mit Händen weg (ἀπὸ μὲν λευκὸν γάλα χερσὶ
τραπεζᾶν ὤθεον), die gestaltete Welle verdrängte die Ruhe des Teichs,
auch die Lebensart am Ufer veränderte sich, der Überall des Waldes mit
den Stürmen und den sicheren Fürsten des Forsts regte das müßige Leben
der Haide auf, das stagnirende Gewässer ward so lange zurückgestoßen,
vom jäheren Ufer, bis es Arme gewann, und so mit eigener Richtung, von
selbst (αὐτόματοι) aus silbernen Hörnern trinkend (ἐξ ἀργυρέων κε-
ράτων πίνοντες), sich Bahn machte, eine Bestimmung annahm.

Hölderlin hat in diesem Absatz alle Stellen unterstrichen, die er Pindar wörtlich entnommen hat und die nun Deutung erfahren. Die
Deutung ermöglicht sich durch ein Wörtlichnehmen auf dem Grunde der vollzogenen Identifikation Strom – Kentaur. Sie wird vollzogen, indem einzelne Wendungen ihrem originalen Zusammenhang
entnommen und in den neuen, vom Dichter gestifteten wie Bausteine eingesetzt werden: derart, daß die erhaltenen Einzelteile des ursprünglichen Zeugnisses den Eindruck erwecken, als ob sie wirklich
das Neue begründeten.

Die starken Kentauren nahmen die Kraft des Weins wahr, der
Strom erfährt die Kraft der mit Reben besetzten Hügel, die ihm
Richtung geben und ihn beschleunigen, so wie der Wein die Kentauren belebt. Die Beziehung zwischen dem Wein, der heilige Begeisterung zeugenden Pflanze des Bacchus und den Kentauren ist alt. Aus
der eingangs zitierten Odyssee-Stelle stammt die bei den Alten
sprichwörtliche Wendung οἶνος καὶ κένταυρον ἄασε, »der Wein be-
törte auch den Kentauren«, die Hölderlin in der Beziehung zwischen weinbauendem Strom und den mythischen Wesen bestärken
mußte, welche als erste die Pflanzen geordnet und den Wein so geliebt. Als die Kentauren Hirten waren, tranken sie Milch; es ist die
Zeit, wo der Strom noch keine Richtung hat und sich ziellos in Teichen und Wiesen verweilt, ruhend, kaum belebt; die Gewässer bilden eine ebene Fläche auf dem Hochland. Der Tisch ist diese Fläche, und die unbestimmte Ruhe wird für Hölderlin durch das Wort
γάλα (Milch) trefflich bezeichnet. Schlägt man z. B. bei Hederich
(Sp. 1134) Galatra (Γαλάτεια, die Milchige) auf, als Nymphe mit
Wasser verbunden und Geliebte eines unter Felsen quellenden Flusses, so findet man den Satz: »Ihr Name soll die schöne Gestalt des

ruhigen Meeres an heitern Tagen bedeuten«. Diese »Ruhe des Teichs« geht verloren, das Wasser wandelt sich und gewinnt Arme, Hände, mit denen es Richtung ergreift, oder – was das gleiche ist – mit denen die Kentauren Milch und Tisch für die silbernen Hörner vertauschen, aus denen sie den Wein genießen. Indem die Kentauren Hände erlangen (man kann sich des Eindrucks nicht erwehren, daß Hölderlin hier auch das Wort Χείρων assoziiert), gewinnen sie eine neue Daseinsstufe höherer Kultur, auf der sie zu Lehrern, zu Bahnbrechern werden. Selbst diese weithergeholte Deutung hat für Hölderlin naheliegende »historische« Begründungen in der Tradition, durch welche er die Identität Strom – Kentaur noch beglaubigt sah. Wenn man auch die tierische Hälfte des Kentauren als Pferdegestalt dachte, so wies doch die traditionelle Etymologie auf ταῦρος (Stier). Unter der Gestalt des Stiers mit menschlichem Antlitz, das Hörner trug, pflegte man sich die Ströme zu denken, wie es Homer vom tobenden Skamander (Il. 21, 237) erzählt, oder wie es ein antiker Vergil-Kommentar zu erklären weiß: *taurino vultu, quod eius* (sc. Eridani) *sonus ut tauri mugitus et ripae flexuosae ut cornua sunt.*[22] Im Deutschen spricht man von den Armen der Flüsse; bei Pindar aber fand Hölderlin, und gerade in einem Fragment, κέρας Νείλου (Horn des Nils).[23] Da waren die Hörner zugleich die Arme, die der Fluß ins Gebirg drängt. Und wenn man die Bedeutung der Parallelstellen auch nicht überschätzen soll, so ist es doch wert zu wissen, daß den silbernen Trinkhörnern Pindars in der vorhin erläuterten Vergil-Stelle die goldenen Hörner des Flusses entsprechen: *gemina auratus taurino cornua voltu Eridanus.*[24] Schließlich erzählt Nonnos, daß gehörnte Kentauren den jungen Weingott aufgezogen haben (Dionys. XIV, 144). All dies wirkt in Hölderlins Vorstellung zusammen, um ihn den Satz ἐξ ἀργυρέων κεράτων πίνοντες; in völlig bewußtem Doppelsinn gebrauchen zu lassen. Die Kentauren trinken αὐτόματοι, von selbst: der Fluß aber verhält sich wie die aufgestauten Wasser, von denen Goethes Sonett berichtet:

Die Welle sprüht, und staunt zurück und weicht,
Und schwillt bergan, sich immer selbst zu trinken …[25]

bis er sich Bahn macht und seine Bestimmung, seinen Auftrag erfüllen kann. Den Auftrag, der ein göttlicher Auftrag ist, enthüllt der letzte Absatz.

Die Schlußwendung stellt die Verbindung mit Hölderlin selbst und mit seiner, unserer Zeit her. Chiron hat den Achill das Saitenspiel gelehrt. Das mußte für Hölderlin noch wichtiger sein als alle anderen, Kultur begründenden Taten, die von diesem Kentauren überliefert sind. Die Gewalt über die Pflanzen, das Erlernen des Weingebrauchs, die Heilkunst und die Treue des Eides sind Taten genug, welche Bahn und Grenzen gemacht, die Wildnis gestaltet haben. Sie wurden ursprünglich, am Anfang der geschichtlichen Zeit geleistet, und Chiron hat sie lehrend an die jungen Helden weitergegeben, die sie in die Welt tragen sollten. Die größte Gabe aber war der Gesang, der im Laufe der Zeiten immer wieder, auch in götterferner Stunde, die Ordnung bewahrheiten und den Himmlischen Raum geben kann: denn da die Wildnis immer wieder hervorbrechen will, ist das, was die Ströme – Kentauren ursprünglich geleistet, von der Geschichte immer neu zu leisten. Alles über die bloße Notwendigkeit erhabene Tun wirkt dazu mit und bändigt das Ungebundene:

> *Seit nemlich böser Geist sich*
> *Bemächtiget des glüklichen Altertums, unendlich,*
> *Langher währt Eines, gesangsfeind, klanglos, das*
> *In Maasen vergeht, des Sinnes gewaltsames. Ungebundenes aber*
> *Hasset Gott, Fürbittend aber*
> *Hält ihn der Tag von dieser Zeit, stillschaffend,*
> *Des Weges gehend, die Blüthe der Jahre.*
> *Und Kriegsgetön, und Geschichte der Helden unterhält, hartnäkig*
> *   Geschik,*
> *Die Sonne Christi, Gärten der Büßenden, und*
> *Der Pilgrime Wandern und der Völker ihn, und des Wächters*
> *Gesang und die Schrift*
> *Des Barden oder Afrikaners ...* [26]

Hier steht nach dem Verfall des glücklichen Altertums, wo das Ungebundene ursprünglich bewältigt wurde, die ganze geschichtliche Kultur in allen ihren Äußerungen auf der Wache. Kriegszüge und Taten der Helden, die Kundgebungen des religiösen Gemütes bei Pilgern und Kirchenlehrern, sie alle bändigen die gesangsfeindlichen, klanglosen, gewaltsamen Mächte. Der Sänger aber ist unter ihnen, und man geht nicht fehl, wenn man unter dem *Barden* Ossian versteht. Wie von allen Dichtern gilt auch von ihm:

> *Und nicht umsonst ward uns*
> *In die Seele die Treue gegeben.*
> *Nicht uns, auch Eures bewahrt sie,*
> *Und bei den Heiligtümern, den Waffen des Worts*
> *Die scheidend ihr den Ungeschikteren uns*
> *Ihr Schiksaalssöhne, zurükgelassen*
> *Ihr guten Geister, da seid ihr auch ...* [27]

Die Kentauren haben nach Hölderlins Mythologie den Gesang mitbegründet. Daß Ossian in der Pindar-Interpretation an Stelle der Dichter genannt wird, liegt am Heroischen seiner Gegenstände, aber nicht nur daran. Er singt von und in einer kentaurischen Landschaft,[28] die noch Wildnis hat, in der Höhlen sind, Flüsse und Heide. Die Landschaft lehrt ihn sein Lied, wie Chiron den jungen Helden Achill. Und als ob es noch einer Bestätigung bedürfte, erinnern wir uns, daß nicht nur bei Hölderlin die Ströme ins Land tönen:

> *... und bei des Fremdlings*
> *Besondrer Stimme stehen die Heerden auf,*
> *Es regen sich die Wälder, es hört tief Land*
> *den Stromgeist fern ...* [29]

sondern, wie um den Kreis zu schließen, belehrt uns die Sage noch, daß Nymphen und Flüsse, die Abkömmlinge des Ozeans und der Thetis, die pfleglichen Lehrer ($\varkappa o\nu\varrho o\tau\varrho\acute{o}\varphi o\iota$) der Jünglinge waren:

> *... ein hehres Geschlecht das hienieden*
> *Knaben zu Männern erzieht ($\varkappa o\nu\varrho\acute{\iota}\zeta o\nu\sigma\iota$) mit Hilfe des Herrschers*
>
> > *Apollon*
> *Und mit den Strömen. Das ist ihr zeusverliehener Auftrag.* [30]

Die Kentauren zogen den jungen Dionysos auf; Chiron aber hat dieser Bestimmung gemäß den Achill wie viele andere Heroen erzogen

mit Hilfe seiner Mutter Philyra, des Ozeans Tochter, und seines Wei-
bes Chariklo, zweier Nymphen; auch von ihm gelten die Worte eines andern Zöglings, des Jason, bei Pindar (P. IV, 180; vgl. N. III, 43),
die Hölderlin so übersetzt hat:

> ... *ich sage die Lehre*
>
> *Chirons zu bringen. Von der Grotte nemlich komm' ich*
>
> *Bei Charikloe und Philyra, wo des Ken-*
>
> *tauren mich die Töchter gezogen die heilgen.* [31]

Es ist deutlich, daß die Interpretation Hölderlins keine Interpretation im eigentlichen Sinne ist. Der pindarische Text gibt einen viel-
fach überlieferten Sachverhalt wieder, seine Worte sind nicht geheimnisvoll, sondern wiederholen nur auf poetische Weise die Schilderung eines Vorgangs, der kaum der Deutung bedarf. Was Hölderlin dazu zu sagen hat, macht eine mühsame Aufschlüsselung nötig,
an deren Ende erst die Beziehung von »Interpretation« und Text
greifbar wird. Dabei enthüllt sich ein Tiefsinn von poetischer Gewalt, der nicht in Pindars Worten zu Hause ist, den jedenfalls ein
kritisch-historisch gerichteter Sinn darin nicht zu finden vermag.
Die von Hölderlin für die Hymnen benutzte Pindar-Edition Heynes
war ein Muster wissenschaftlicher Denkweise, und auch in der Interpretation des Bruchstückes finden sich zahlreiche Wendungen,
die nach wissenschaftlicher Begründung streben. Immer wieder sollen die Zusammenhänge durch etymologische Verknüpfung konstituiert oder durch die historische Tradition legitimiert werden. Dabei
mag die Richtigkeit der Etymologie zweifelhaft sein, ein gewisses
Streben nach Evidenz ist nicht zu verkennen, so wenig wie das Streben nach Übereinstimmung mit der offenbaren und unstritigen
sinnlichen Anschauung.

Dennoch haben wir keine wissenschaftliche Interpretation vor
uns, die sich dem Text unterordnet und sich die Spekulation verbietet, ehe nicht die unmittelbare, die in diesem Falle kaum mißver-
ständliche Meinung des Autors ans Licht gebracht ist. Solche Meinung mag verschiedene Schichten haben, ja hat sie bei Dichtung
von Rang zumeist. Aber am Anfang der echten Interpretation wird
immer die Verdeutlichung des greifbaren, anschaulichen Sachver-
halts stehen, und seine Tiefen pflegen nicht erhellbar zu sein, wenn

nicht die Oberfläche klar zutage liegt. Um diese Oberfläche bemüht sich Hölderlin für keinen Augenblick, es ist, als ob die ihm wohlbekannte Geschichte von der Hochzeit des Peirithoos gar nicht vorhanden sei. Alle vom Deuter angebrachten objektiven Argumente zielen auf die Herstellung von Vorstellungen, die bei Pindar nicht und kaum im Argument vorhanden sind. Was aber ist dann der Zweck der historischen, physischen und etymologischen Argumentation und wie verläuft sie?

Zunächst will sie die Identität von Strom und Kentaur begründen, die Hölderlin anfänglich postuliert und deren Voraussetzung seine Deutung überhaupt erst ermöglicht; genauer: sie will die Annahme rechtfertigen, daß die Idee des Stromes, sofern er Bahn und Grenze macht, in der Gestalt des Kentauren vorgestellt wird. Überall also, wo der Strom das Gebirg durchreißt, ist danach für die Alten und für Hölderlins mythische Anschauungskraft der Strom in jenem halbgöttlichen Zwitterwesen personalisiert. Darauf richten sich die etymologischen Argumente, die – wie viele andere – unausgesprochen, aber dennoch durchaus greifbar bleiben. Hederich (Sp. 655) sagt vom Namen der Kentauren:

> *Dieser ist aus* χεντάω, *ich steche, und* ταῦρος, *ein Ochs, zusammen gesetzet, weil sie die ausgerissenen Ochsen des Ixions mit ihren Stacheln wieder zurück brachten.*

Hölderlin wendet χεντεῖν (stechen) auf den Durchstich durch das Gebirg an, und ταῦρος (Stier) wird ihm bedeutsam, weil das die Hörner des Stiers bezeichnende Wort im Lateinischen und Griechischen zugleich die Arme der Flüsse bedeutet. Daraus ergibt sich für ihn die Möglichkeit, nicht nur allgemein Strom – Kentaur zu verknüpfen, sondern im besonderen im Pindar-Text χείρ (Hand – Arm) und κέρας (Horn) zur Deckung zu bringen, so daß die Arme der Kentauren und ihre Handlung zugleich die fluminis cornua vorstellen. Der Herstellung dieser Kongruenz, einem eigentlichen συμβάλλειν (Zusammenwerfen) verschiedener Elemente muß sich der Text fügen, ja er geht daraus zu etwas Neuem verwandelt hervor. Diese Verwandlung, die, wie sich zeigen wird, eine Anverwandlung ist, besteht in der Umformung des »natürlichen« Textes in einen »höheren«, der nicht mehr seine eigene natürliche Bedeutung, auch nicht eine auf ihn übertragene hat, sondern zu einem Dritten hypostasiert wird. Das Dritte ist eine Chiffre, die die Verbindung zwischen jener und dieser realisiert. Sie ist nicht, wie bei Brentano, eine Chiffre des Gefühls oder Medium des Übergangs zwischen Seele und Welt. Wer sie zu lesen versteht, sieht vielmehr in geheimnisvolle und bedeutende Zusammenhänge, die ihm Einblicke eröffnen – wo hinein?

Hölderlins »wissenschaftliche« Argumente sind Schlüssel, die verschlüsseln. Die Tradition, daß die Flüsse Lehrer der Jünglinge seien, die Kentauren Lehrer der Naturwissenschaft, daß die Kentauren auf Bergwäldern gewohnt, Chiron in einer Höhle, daß der Achill von ihm das Saitenspiel erlernt, daß Ossian im fernsten Bergland gesungen – all dies verschlüsselt den Pindar-Text. Es macht ihn nicht deutlicher, was das Anliegen der Interpretation ist, sondern geheimnisvoller. Ebenso wirkt die Anschauung: das Stürmen des Stroms, das Wachsen der Ufer, die imaginierte Wildheit der Kentauren und ihr Stechen, die Erfahrung des Weines werden in der pseudopindarischen Chiffre vereinigt. Die Worte haben ihren selbstverständlichen Bedeutungsgehalt verloren; sie haben auch keinen anderen, klar bestimmten verliehen bekommen, sie werden vielmehr in ein neues System versetzt, das ihnen erst Bedeutung, und zwar höchst komplexe und kaum bestimmbare verleiht, die Hölderlin, nicht Pindar eigen ist. In bezug auf die Interpretationsweise eines modernen Denkers hat Helmut Kuhn den gleichen Sachverhalt zutreffend so formuliert:

Ein Wort ist entweder aus dem lebendigen Sprachgebrauch verständlich, oder es ist als Kunstwort terminologisch definiert. Tertium non datur – so möchte man denken. Aber das nicht leicht auszudenkende tertium quid … spielt bei Heidegger eine entscheidende Rolle. Es handelt sich um terminologisch fixierte unauflösliche Bilder und bildliche Ausdrücke … Sie gewinnen ihre Lebendigkeit teils aus ihrem gegenseitigen Verhältnis, teils aus gewagtem Etymologisieren, teils aus der Dichtung, der sie entlehnt sind. [32]

Tertium non datur. Man muß diesen Satz modifizieren: tertium non datum quaeritur, ja man kann noch weiter gehen und sagen: ponitur. Es wird gestiftet durch den Dichter oder den dichterischen Denker, es ist nicht ohne weiteres im Wort, noch auch in den Erscheinungen. Der Sinn ist nicht vorgegeben, sondern er wird deutend gesetzt auf eine Weise, die oft finden und setzen unentwirrbar macht. Die Chiffren werden nach einem System gefügt, dessen Code nicht die Welt allein, sondern der Dichter entworfen hat; ein neues System von Bildern erwächst, das nicht mehr allgemeinverbindliche der Privatmythologie.

Ein einzelnes Beispiel aus der Dichtung Hölderlins mag zeigen, wie die dichterische Anschauung unauflösliche Bilder schafft, wie sie Chiffren findet, die sie bewegt und bezieht, um eine Meinung zu sagen. Eine solche Chiffre ist der »goldene Rauch«,[33] ein sinnlich schönes, an sich nicht verständliches Bild, dessen Bedeutung erst aus dem Zusammenhang erschlossen werden muß. Am Anfang der Hymne *Patmos* ist die Rede von den »Gipfeln der Zeit«. Unter dem Bild der Berggipfel begreift Hölderlin häufig die Unendlichkeit der Zeit, in der sich die Gipfel großer Taten und Männer, oder der Wirkung Gottes hervorheben.[34] Die Erinnerung weiß von ihnen, ihr sehnsüchtiger Blick kann zurückschweifen zu den Liebsten (in Patmos gewiß den Griechen, den Propheten, Johannes und Christus) aber dennoch liegt dazwischen der trennende Abgrund der Vergangenheit. So bittet der Dichter um ein Mittel der Überwindung dieses Abgrunds, Fittige oder ein Wasser. Es wird ihm, »künstlicher, denn ich vermuthet«,[35] und Asien, das vergangene Land der Griechen und des heiligen Johannes liegt zu seinen Füßen »In goldenem Rauche« (V. 27). Dieser goldene Rauch ist nicht nur der Duft der Landschaft, der er auch ist, wie die Chiffren meist bildhaft sinnfällig bleiben, der goldene Rauch ist mehr.

In dem Gedicht »Lebensalter«, dessen Name darauf hindeutet, daß es der Vergänglichkeit nachsinnt, ruft Hölderlin ein anderes vergangenes Land zurück: »Ihr Städte des Euphrats! Ihr Gassen von Palmyra!« Wo ist die herrliche Welt der Tempel mit ihren Säulen geblieben?

Euch hat die Kronen,
Dieweil ihr über die Gränze
Der Othmenden seid gegangen,
Von Himmlischen der Rauchdampf und
Hinweg das Feuer genommen;...[36]

53

Als die Lebenszeit vergangen war, haben himmliches Feuer und Rauchdampf Städte und Tempel verzehrt. Das »himmlische Feuer« ist wiederum eine komplexe Hölderlinsche Chiffre. Es glüht in der Brust der Männer, wenn es den Himmlischen Platz auf Erden zu schaffen gilt; es kommt als Zeichen Gottes. Es wird in der Flamme des Tempels zu dauernder Verehrung unterhalten; aber es bedarf, wie alles Himmlische, der Pflege und Wartung, auch hier ist Kultus und Halt notwendig. Denn das himmlische Feuer vermag zu verzehren:

> *Wohl trifts den Priester erst, doch liebend folgt*
> *Der Tempel und das Bild ihm auch und seine Sitte*
> *Zum dunkeln Land und keines mag noch scheinen.*
> *Nur als von Grabesflammen, ziehet dann*
> *Ein goldner Rauch, die Sage drob hinüber,*
> *Und dämmert jezt uns Zweifelnden um das Haupt ...* [37]

Wenn das himmlische Feuer überhand genommen und alles verzehrt hat, um schließlich selbst zu schwinden, so bleibt doch der goldene Bauch zurück; er weht über die Berge der Zeiten hinweg bis zu uns. Er ist die Sage, die uns das Andenken an die nun vergangene Gegenwart himmlischen Feuers dämmerhaft überliefert. Auch insofern hat die Sage, wie das Feuer in der Brust der Männer, göttlichen Ursprung. Und im goldenen Rauche, den der nach Asien versetzte Dichter wahrnimmt, kommen ihm alle Sagen von Himmlischen wieder entgegen.

Man sieht, wie die einzelne Chiffre erst in der Beziehung zu anderen ihren Sinn gewinnt. Sie hat ihn nicht, wie das Bild bei Goethe, von Natur, mag er dort auch sehr verborgen sein. Sie erhält ihn, vom Dichter mit großer Kunst gestiftet, der die Chiffren – und »goldner Rauch« und »himmlisches Feuer« sind nur zwei von vielen – gegeneinander bewegt, um eine vielbezogene, tiefsinnige und vieldeutige Welt zu erbauen. Man muß die Bedeutung der einzelnen Chiffre aus dem Systemganzen, aus den Bedingungen dieser mythischen Welt erschließen, deren Teile sie sind. Vom Vortrag der Mythe sagt Hölderlin:

> *Ihre Theile werden einerseits so zusammengestellt, daß durch ihre durch-*
> *gängig gegenseitige schikliche Beschränkung keiner zu sehr hervorspringt*

und jeder einen gewissen Grad von Selbstständigkeit eben dadurch erhält,
und in so fern wird der Vortrag (scil. *der Mythe*) *einen intellectualen Ka-*
rakter tragen; andererseits werden sie, indem jeder Theil etwas weiter ge-
het, als nötig ist, eben dadurch jene Unzertrennlichkeit erhalten, die sonst
nur den Theilen eines physischen, mechanischen Verhältnisses eigen ist. [38]

Die Mythenteile sind zusammengestellt; indem über sie verfügt wird,
ergibt sich das neue Ganze. Damit entspricht das Dichten Hölderlins durchaus seinem Deuten, wo aus den verschiedenen Elementen
ein zuvor nicht, im Text nicht Vorhandenes entsteht. Die Deutung
folgt nicht den Gesetzen des Gegenstandes, sondern dem Entwurf
im Geiste des Deuters.

Dieser Vorgang pneumatischer Exegese wird in der säkularen
Geistesgeschichte zum ersten Male bei Hölderlin offenbar. Er hat
darüber auch im Zusammenhang mit den Pindar-Fragmenten nachgedacht. Zu dem letzten der von ihm behandelten (Schr. 213) hat er
eine Betrachtung geschrieben, die die Frage nach der Vereinigung
unvereinbarer Größen aufwirft, wie nämlich der Mensch im Leben
Recht und Klugheit vereinigen könnte. Hölderlin:

Das Schwanken und das Streiten zwischen Recht und Klugheit löst sich
nemlich nur in durchgängiger Beziehung. »Ich habe zweideutig ein Ge-
müth genau es zu sagen.« Daß ich dann zwischen Recht und Klugheit
den Zusammenhang auffinde, der nicht ihnen selber, sondern einem drit-
ten zugeschrieben werden muß, wodurch sie unendlich (genau) zusam-
menhängen, darum hab' ich ein zweideutig Gemüth. [39]

Zwischen den zu Vereinigenden gilt es eine durchgängige, vollkommene Beziehung herzustellen, die ganz genau ist. Der menschliche
Sinn ist dafür gerüstet, er ist *zweideutig*; er ist nicht eingeschränkt
auf die Eindeutigkeit der jeweiligen Meinung der einzelnen Worte,
sondern er vermag in einem konjunktiven, assoziierenden Akt ein
Drittes herzustellen, in dem die genaue Identifikation erreicht wird.
Daß dieser Akt nicht der Vernunft allein vorbehalten ist, sondern
daß andere menschliche Vermögen, etwa die Phantasie, ihn leisten
können, darauf deutet die Übersetzung von νόος durch *Gemüth*. Ja
vielleicht wählte Hölderlin dieses Wort, weil in ihm die unterschei-
denden Kräfte des Verstandes ebenso wie die einer synthetischen

Anschauung gleichermaßen aufgehoben sind. Auch dann wäre das Gemüt zweideutig, weil es Unterscheidung und höheren Zusammenhang zugleich vollziehen kann. Die Wendung »zweideutig ein Gemüth« ist Hölderlin so wichtig, daß er sie kurz hintereinander zweimal braucht. Die Zweideutigkeit des Gemüts ermöglicht ihm nämlich nicht nur die Auffindung des Dritten, des Zusammenhangs, sondern auch dessen genaues Aussprechen. Das ist das, was der Dichter stiftet und dieser Zusammenhang, in dem das Zweideutige auf genaue Weise *einstimmig* wird, ist die Mythe.[40] In ihr erzeugt die Konjugation einander fremder Inhalte eine neue Realität, in welcher die Disparation der Erscheinungen zu zusammenhängender Welt wird. Auf Schritt und Tritt stoßen wir bei Hölderlin auf diese Überzeugung. Sie liegt den schon betrachteten Theorien über das Wesen der Mythe zugrunde, wonach in dieser Idee und Realität; intellektuale und historische Verhältnisse; »Ideen (...) Begriffe (...) Karaktere« mit »Begebenheiten, Thatsachen«[41] zu Einem, zum »Gott der Mythe«, anschaulich vergegenwärtigt werden. Indem so die Widersprüchlichkeit der Welt aufgehoben und die Vergänglichkeit des bloß Geschichtlichen überwunden wird, und zwar in der Poesie, kann Hölderlin sagen: »So wäre alle Religion ihrem Wesen nach poetisch.«[42] Das ist auch die tiefere Begründung des vielzitierten Wortes: »Was bleibet aber, stiften die Dichter.«[43] »Ich habe zweideutig ein Gemüth, genau es zu sagen.«[44] Diese Grundgedanken hat Hölderlin bewußt auf die Mythologie angewendet, wiederum nicht nur praktisch, sondern auch theoretisch. Davon gibt ein bedeutsames Zeugnis Kunde, das den ganzen Vorgang noch weiter klären hilft. Aus der Zeit der Pindar-Übersetzung ist die Disposition zu einem Aufsatz über den antiken Mythos erhalten, der wie ein methodischer Kommentar zu Hölderlins Interpretationen anmutet und folgenden Wortlaut hat:

Von der Fabel der Alten

Ihre Prinzipien
Gestalt derselben
System.
Beziehung.
Bewegbarkeit.

Verschiedene Formen, die diese, trotz der Nothwendigkeit ihrer Bildung
als Prinzipien leiden.
Sinn und Inhalt derselben.
Mythologischer Inhalt
Heroischer
Reinmenschlicher.
Sinn solcher Fabeln überhaupt
Höhere Moral.
Unendlichkeit der Weisheit.
Zusammenhang der Menschen und Geister.
Natur in der Einwirkung Geschichte.[45]

Die *Fabeln der Alten,* die antiken Mythen stehen im Zusammenhang eines Systems, das durch die Beziehungen der einzelnen Teile
zueinander zu einem sinnvollen Ganzen wird. Die einzelne Mythe
(Fabel, argumentum) gestaltet ein *Prinzip,* sie bringt ein Urphänomen oder eine Urerfahrung zur Anschauung, etwa die Gestalt Heli-
os das Sonnenlicht (»das Licht ... als Princip und Schiksaalweise
bildend«)[46] oder in unserem Falle der Kentaur den Strom. Aber
wenn ein solches elementares Urphänomen auch notwendig, ursprünglich und prinzipiell unwandelbar ist, so duldet es doch verschiedene Formen. Es ist in der Vorstellung wandlungsfähig, vermag
verschiedene Gestalten anzunehmen und historisch zu werden, so
wie der Strom in Hölderlins eigener Mythologie sich als Jüngling, als
Vater Rhein, als Ganymed, als Kentaur darstellt, der letztere noch
besonders personalisiert in der Gestalt des Chiron.[47]

Diese Variabilität der Mythen ermöglicht erst die Vorstellung und
Verwirklichung ihres Zusammenhangs, der letztlich unendlich ist.
Eines der wichtigsten Stichworte in Hölderlins Aufsatzgliederung ist
das Wort *Bewegbarkeit.* Die einzelne Mythe liegt nicht fest im System der Mythen; sie kann wandern und sich verwandeln, so wie
das in der Bilderfülle der antiken Sagenwelt und in der Freiheit, welche die Alten ihr gegenüber fühlten, auch wirklich der Fall war. Dadurch entsteht der geheimnisvolle Reichtum der Beziehungen, deren verschiedene Formen alle am Ende in der »Unendlichkeit der
Weisheit« aufgehoben sind. Das Bruchstück über die religiösen Vorstellungen sagt deutlich, daß der Sinn solcher Fabeln überhaupt
eben in der Vorstellung des unendlichen Zusammenhangs besteht,

dessen der Mensch sich auf diese Weise vergewissert, einem religiösen Bedürfnis folgend.

Die Mythen sind deutbar, sie haben Sinn und Inhalt. Die Deutung kann nicht erschöpft werden, einmal wegen der lebensvollen, stets wandlungsfähigen Beziehungsfülle, vor allem aber wegen der Unendlichkeit der Weisheit. Die Deutung findet verschiedene Aspekte im Mythos. Sein Sinn ist nicht eindeutig, er hat verschiedene Inhalte. Das ging schon aus der Theorie hervor, die physische und historische Inhalte ebensowohl als sittliche und intellektuale in ihm zum Ganzen vereinigt findet. Hölderlin unterscheidet hier mythologischen, heroischen und rein menschlichen Inhalt, eine Unterscheidung, die nicht ganz aufzuklären ist. Der mythologische Inhalt wird von der historischen Überlieferung gewährt und bestimmt den Platz der Fabel im Ganzen der klassischen Mythologie. Das Prinzip der Fabel aber bleibt in allen Verhältnissen gegenwärtig. Wo es im Laufe der Geschichte aus der Unbestimmtheit in die konkrete Verwirklichung einer der Notwendigkeit entsprechenden Handlung tritt, finden wir seinen heroischen Inhalt. Das Prinzip der Ordnung zum Beispiel wird für Hölderlin von den Kentauren, von Herakles, von Bacchus, von Christus, aber auch von Barbarossa, Conradin, Mahomed, Kolumbus und Luther[48] verwirklicht. Insofern aber jeder Mensch dem Hang ins Ungebundene entgegenwirken muß, ist es rein menschlich, und der poetische Mythos kann jeden ansprechen. Nochmals wird uns an diesem Beispiel die Unendlichkeit der Mythenwelt, der »Zusammenhang der Menschen und Geister«, die Fülle der Formen deutlich, in denen die Gesetze des Zusammenhangs Wirklichkeit gewinnen können.

Die Erkenntnis von der Wandlungsfähigkeit und Bewegbarkeit der Mythen bildet nicht nur die Grundlage von Hölderlins Pindar-Deutung, sondern ist für sein Dichten und Denken überhaupt grundlegend. Sie ermöglicht dem Dichter, die Mythen zu konjugieren. Das Neue, das dabei erzeugt wird, ist anderer Art als die geschichtlichen Mythologien der Vergangenheit. Sie waren ursprünglich gewachsen, aus der Erfahrung des die Welt deutenden Gemütes, welches sich der Zusammenhänge noch nicht reflektierend, sondern in heiligen Bildern bemächtigte. Diese, objektiv gegeben, waren dem deutenden Bewußtsein übergeordnet, das sie variieren oder übertragen mochte, sich aber kaum außerhalb der von den Mythen gebildeten Vorstellungen denken konnte. Die Welt ging vor der Aufklärung im Mythos auf. Soviel echten Spürsinn nun Hölderlin für die in den Sagen der Alten zur Sprache kommenden Sachverhalte hatte: seine Mythologie ist keine objektive, sondern von einem subjektiven, schöpferischen Vermögen höchsten Ranges geschaffene »Welt in der Welt«.[49] In ihr soll der verlorene höhere Zusammenhang wiederhergestellt, das Ganze der Erscheinungen bewahrheitet und den Göttern Wirklichkeit verliehen werden. Diesem hohen Zwecke macht der Dichter die Dinge der Welt dienstbar:

> *Kunst und Natur, wie sie in ihm und außer ihm sich darstellt, alles ist wie zum erstenmale, eben deßwegen unbegriffen, unbestimmt, in lauter Stoff und Leben aufgelöst, ihm gegenwärtig, und es ist vorzüglich wichtig, daß er ... nichts als gegeben annehme, von nichts positivem ausgehe, daß die Natur und Kunst, so wie er sie früher gelernt hat und sieht, nicht eher spreche, ehe für ihn eine Sprache da ist ...*[50]

Der Dichter nimmt »aus dieser Welt den Stoff ..., um die Töne seines Geistes zu bezeichnen ...«[51] So entsteht das System von Zeichen und Beziehungen, in dem trotz der Sinnfälligkeit der Hölderlinschen Bilder gerade im Gegensatz zum antiken Mythos kein objektiver, sondern ein subjektiver, wiewohl großartiger Zusammenhang sich spiegelt. Der Dichter bewegt und bestimmt die Erscheinungen der Natur, der Kunst und der Geschichte, sie werden die Chiffren seiner inneren Welt. Die äußere ist ihm wie Novalis – und vermutlich wie bei jenem auch auf dem Grunde einer zu wörtlich genommenen zeitgenössischen Philosophie – Universaltropus des Geistes.[52] Es findet also eine bis dahin unerhörte Subjektivierung der Gegenstände statt, so wie wir sie in der Anverwandlung der pindarischen Mythe in die Hölderlinsche Mythologie beobachtet haben. Das System als solches, seine Prinzipien sind da, sie bilden das Ganze; die Bilder behalten ihr gewohntes Ansehen, aber sie bedeuten nicht mehr das, was wir mit ihnen zu verbinden gewohnt sind, sondern sie erfüllen eine Funktion in jenem dichterischen System, aus der erst ihre Bedeutung erschließbar wird.

Der Zauber, den diese neugeschaffene Welt hieroglyphischer Zeichen ausübt, beruht nicht allein auf ihrem poetischen Rang oder auf ihrem geheimnisvollen Wesen, das nach Entschlüsselung der verwandelten, verschlüsselten Welt ruft. Er entspringt – wie bei Brentano – nicht zuletzt der Tatsache, daß sich das Subjektive objektiv gibt, ein Zustand, der eigentlich magisch ist. Diese Magie, »die Kunst, die Sinnenwelt willkürlich zu gebrauchen,«[53] verhüllt sich dadurch, daß sie sich einmal zwar nicht im Ganzen, wohl aber im Einzelnen objektiv zu legitimieren sucht; weiter dadurch, daß sie sich als pneumatische Erfahrung, der Offenbarung der Welt entsprungen, kundtut. »So wie die Erkenntniß die Sprache ahndet, so erinnert sich die Sprache der Erkenntniß.«[54] Dieser Satz Hölderlins, eine tiefe Wahrheit enthaltend, vermag zugleich alle Willkür zu begründen und in die Irre zu führen. Er gibt die Begründung für den Hang zum Etymologisieren, in welchem sich das Denken der Sprache hingibt und Assoziationen folgt, deren Gehalt an Wahrheit ungeprüft bleibt. Denn die Assoziationsmöglichkeit scheint schon den Zusammenhang zu erweisen und verschleiert, daß die Erkenntnis in der Sprache auch dasjenige zu »ahnen« vermag, was sie schon ihr eigen nennt und nur wiederfinden will. Die Assoziationsreihe χείρ (bracchium – Χείρων) – κέρας (cornua fluminis) – γάλα (Γαλάτεια – quietas) – κεντεῖν; (montes, vgl. auch Il. V, 87 ff. usw.) entsteht auf dem Grund des vorgefaßten Begriffs vom Kentauren, der wiederum nicht so sehr Hölderlins mythischem Ahnungsvermögen als seinem mythologischen System entspricht, das eine vorbestimmte Weltansicht in möglichst verschiedenen Formen beglaubigt wissen will. Die Dimension der Tiefe erwächst aus der Potenzierung dieser wiederholten Assoziationen, die Glaubwürdigkeit wird durch die Sinnfälligkeit gesteigert. Die Zweideutigkeit des Gemüts erwartet von der Sprache entsprechende Zweideutigkeit: so kann die eigene Meinung des Pindar-Textes beiseite geschoben werden, weil die Worte anderes meinen müssen als sie zu meinen bestimmt sind.

Was hier Hölderlin in bezug auf Pindar getan, das hat Heidegger in ganz ähnlicher Weise mit Hölderlins Text wiederholt. Und nach Hölderlin haben die Dichter immer wieder jene Welt in der Welt gedichtet, die Mythologie, welche im gestifteten Systemzusammenhang Weltsinn vorzustellen trachtet. In den Duineser Elegien, im Werke Trakls und Kafkas finden wir die beweglichen Chiffren, die – oft bewußt gebrauchte – Zweideutigkeit, die Vielfältigkeit der Bezüge und die Verschlüsselung des Daseins wieder. Keiner dieser Entwürfe hat mehr die Größe des hölderlinschen erreicht. Aber die

Sehnsucht nach dem »Zusammenhang der Menschen und Geister«, das Verlangen nach Weltdeutung und Gewißheit, ein eigentlich religiöses Verlangen, ist geblieben, und erst allmählich erkennen wir die Konsequenzen aus dem romantischen Irrtum, den Friedrich Schlegel aussprach:

… Ihr müßt es oft im Dichten gefühlt haben, daß es Euch an einem festen Halt für Euer Wirken gebrach, an einem mütterlichen Boden, einem Himmel, einer lebendigen Luft.

Aus dem Innern herausarbeiten das alles muß der moderne Dichter, und viele haben es herrlich gethan, aber bis jetzt nur jeder allein, jedes Werk wie eine neue Schöpfung von vorn an aus Nichts.

Ich gehe gleich zum Ziel. Es fehlt, behaupte ich, unsrer Poesie an einem Mittelpunkt, wie es die Mythologie für die der Alten war … Wir haben keine Mythologie. Aber setze ich hinzu, wir sind nahe daran, eine zu erhalten, oder vielmehr es wird Zeit, daß wir ernsthaft dazu mitwirken sollen, eine hervorzubringen.

Dieser Aufruf endet mit den Worten:

Dann würde das Geschwätz aufhören, und der Mensch inne werden, was er ist, und würde die Erde verstehn und die Sonne. Dieses ist es, was ich mit der neuen Mythologie meyne. [55]

Friedrich Hölderlin ist der größte und reinste der modernen Dichter, die den *festen Halt* neu zu fügen unternehmen. Unmerklich lösten sich die Bilder aus ihrem natürlichen Zusammenhang, um dem großen Entwurf eingeordnet zu werden. Überwiegt bei Brentano die Totalität des Gefühls, so hier die Totalität der erhofften Bedeutung, welche die ursprüngliche Anschauung nur noch zum Anlaß nimmt. Viel später, in der Zeit seiner Umnachtung, schrieb Hölderlin einige rührende Verse, die wie ein Epitaph auf das Unternehmen der zu stiftenden Mythe anmuten, Verse voller Sehnsucht nach der Welt ursprünglicher Bilder, in denen Natur, Wort und Bedeutung noch geschieden, selbstverständlich und unzweifelhaft sind:

… Ihr lieblichen Bilder im Thale,
Zum Beispiel Gärten und Baum,

Und dann der Steg der schmale,
Der Bach zu sehen kaum,
Wie schön aus heiterer Ferne
Glänzt Einem das herrliche Bild
Der Landschaft, die ich gerne
Besuch' in Witterung mild.
Die Gottheit freundlich geleitet
Uns erstlich mit Blau,
Hernach mit Wolken bereitet,
Gebildet wölbig und grau,
Mit sengenden Blizen und Rollen
Des Donners, mit Reiz des Gefilds,
Mit Schönheit, die gequollen
Vom Quell ursprünglichen Bilds. [56]

Gemüterregungskunst
Clemens Brentano

Im Jahre 1827 versuchte Goethe gelegentlich, sich über das Eigentümliche der zeitgenössischen Literatur klar zu werden und verfaßte eine kleine »Würdigungstabelle der poetischen Productionen der letzten Zeit«.[1] Man hat ihr gewiß einen höheren Wert zuzumessen als allen Verallgemeinerungen. »Da kein Zeitblatt ohne Räthsel und Charaden bestehen kann, so gönne man mir solche Logogryphen, hinter denen sich wenigstens einiger Logos versteckt hält«, sagt der Autor selber. Aber es bleibt ein reizvolles und lehrreiches Spiel, hinter Goethes Bestimmung verschiedener poetischer Naturells wirkliche Erscheinungen zu erraten. Da ist ein Temperament, das Goethe »weiblich« nennt, gewiß nicht in herabsetzendem Sinne; es wählt sich »träumerische« Stoffe, von unergründlichem »bodenlosen« Gehalt, die in einer »verschwebenden Form weich« behandelt werden. Der erzielte »Effect« ist »täuschend«. Ein Sachverhalt wird festgehalten, jenem gleich, den Emil Staiger beim Horchen auf berühmte Brentanosche Verse so umschreibt: Sie scheinen

wie Wasser des Lebens zu sein, das sich der Dichter durch die Hand rinnen läßt: Es bleibt nichts Ganzes, Umrissenes, nur diese flüchtigen, aber ahnungsvollen Worte kehren immer wieder als Ertrag lyrischen Daseins.[2]

Ein anderer Begriff des Lyrischen als der von Goethe behauptete klingt hier an, und es ist notwendig, ihn zu bestimmen, wenn man in seinem Zusammenhang den Namen des zauberischsten aller deutschen Dichter nennt. Da gibt es von Brentano ein

Frühes Liedchen

Lieb und Leid im leichten Leben
Sich erheben, abwärts schweben;
Alles will das Herz umfangen,

Nur verlangen, nie erlangen.

In dem Spiegel all ihr Bilder
Blicket milder, blicket wilder,
Kann doch Jugend nichts versäumen,
Fort zu träumen, fort zu schäumen.

Frühling soll mit süßen Blicken
Mich entzücken und berücken,
Sommer mich mit Frucht und Myrten
Reich bewirten, froh umgürten.

Herbst, du sollst mich Haushalt lehren,
Zu entbehren, zu begehren,
Und du Winter lehr mich sterben,
Mich verderben, Frühling erben.

Wasser fallen um zu springen;
Um zu klingen, um zu singen
Schweig ich stille, wie und wo?
Trüb und froh, nur so, so.[3]

Nicht Anschauliches kommt zuerst entgegen, sondern Klang. Eine bezaubernde Musikalität der Sprache waltet, sinnlich schon in der ersten Zeile, sinnlich in den Innenreimen, die auf- und abklingen:

sich erheben, abwärtsschweben ... nur verlangen, nie erlangen ... blicket milder, blicket wilder ... fort zu träumen, fort zu schäumen ... zu entbehren, zu begehren ...

Zumeist sind die Satzglieder dieser Innenreime einander inhaltlich entgegengesetzt, das zweite nimmt zurück, was das erste sagte. Aber das bemerken wir nicht sogleich, ja unser Interesse richtet sich erst nach einem bewußten Entschluß auf die Frage, was hier eigentlich Gegenstand sei. Wir müssen uns zuvor aus jenem Netze befreien, in das die Verse uns nach Goethes Wort verstricken, und es gibt keinen lyrischen Dichter, der es so unentwirrbar zu knüpfen vermag.

Das Gewebe besteht aus hervorgebrachten und wieder verschwindenden Fäden. Wir finden eine innere Bewegung, widersprüchliche Seelenzustände, zwischen Innigkeit und Überfluß ebenso schwankend wie zwischen Fülle und Vergehen. Diese sehr verschiedenen Formen des Fühlens und Daseins sind mit einem zeitlichen Vorgang verknüpft; der Lauf des Jahres ist angedeutet. Frühling, Sommer, Herbst und Winter erscheinen, aber keine Anschauung strebt nach Dauer. Auch tritt die vergehende Zeit nicht, wie so oft bei Goethe, aus der Einheit eines natürlichen Bildes hervor. Der Wechsel des Jahreslaufs ist verschlungen in den stetigen Wechsel zwischen Seelenzuständen und Bild-Andeutungen. Töne werden kurz angeschlagen, Blicke kurz eröffnet:

Wasser fallen um zu springen;
um zu klingen um zu singen ...
Sommer mich mit Frucht und Myrten
Reich bewirten, froh umgürten ...

Kaum sind Ton und Bild da, sind sie schon wieder verflogen. Das heißt, wir nehmen neben Musik eine Flucht von Bildern oder Bildchen wahr. Sie eröffnet eine wechselvolle Seelenperspektive, innig, doch unbegriffen vom Hörer angeeignet. In dieser Flucht erglänzen vielfältige Gemütsspiegelungen, Brechung folgt auf Brechung.

In dem Spiegel all ihr Bilder
Blicket milder, blicken wilder ...

Eine unstete Seele gießt sich aus in den Zeitraum, nie erlangend nur verlangend.

Spiegelbild, Wasserlauf, Jahreszeit – keine dieser ursprünglichen Bildfiguren ist hier beständig. Jede geht sofort in das Gemüt über und bezieht uns ein, eine Erfahrung von süßem Reiz fühlbar machend. Das erfahrene Gefühl ist anderer Art und auf andere Weise erzeugt, als wir es bei Goethe oder Mörike kennen: das Sinnliche der in Musik verwandelbaren Sprache überwiegt vollkommen, und wie in aller Sinnlichkeit fühlen wir nicht den Gegenstand allein, sondern vor allem uns selber in einer Art geistigen Selbstgenusses. Ein faßbarer Sinn tritt nicht hervor – träumerisch, weich, verschwebend bleibt alles, und wenn wir linkisch genug nach »Bedeutung« fragen wollten, so gerieten wir ins Bodenlose. Die Bildchen bleiben so wahrnehmbar als ungreifbar, und dabei ist nicht einmal gewiß, auf welche Weise sie wahrgenommen werden; sie verstehen sich nicht von selbst und verklingen in reizvollem Geheimnis:

> *Schweig ich stille, wie und wo?*
> *Trüb und froh, nur so, so …*

Das *Frühe Liedchen* – warum mag es so heißen? – deutet so Eigenschaften an, die in den großen Gedichten Clemens Brentanos vollkommen hervortreten. Berühmt und bildhaft sind diese Verse:

Abendständchen

> *Hör, es klagt die Flöte wieder,*
> *Und die kühlen Brunnen rauschen.*
> *Golden wehn die Töne nieder,*
> *Stille, stille, laß uns lauschen!*
> *Holdes Bitten, mild Verlangen,*
> *Wie es süß zum Herzen spricht!*
> *Durch die Nacht, die mich umfangen,*
> *Blickt zu mir der Töne Licht.* [4]

Von Anbeginn – *Hör!* – finden wir uns mit einbezogen in den wunderbaren Raum, in welchen hier ein Ich und ein unbekanntes Du hineinlauschen. Wir hören mit, aber wir hören nicht nur. Innigkeit und Bewegtheit ergreifen uns mit der ersten Strophe, welche Klänge und Bilder vorbringt. Sie erscheinen als bloße Impressionen, Eindrücke von Tönen, die wiederkehren, aus dem Unendlichen kommend und ins Unendliche gehend. »Es klagt die Flöte wieder«: in der dichtesten Abbreviatur sind Wiederholung des allzu leicht schwindenden Klanges und Gestimmtheit des Gemütes zusammengefaßt. Es ist nicht ein Sinn, der wahrnimmt, wie bei Goethe vorzüglich der des Auges. Alle Sinne sind offen, im Rauschen der Brunnen ist ihre Kühle enthalten. Jeder wahrnehmende Sinn kann für einen anderen stehen. Die Intensität der Verse entspringt nicht zuletzt der Intensität der Synästhesie: die kühlen Brunnen rauschen; die Töne wehen golden, ja das Licht der Töne blickt durch die Nacht.

Vollkommen umfangen von dieser zauberischen Nacht ist der Mensch nur noch Organ der Apperzeption. Indem er Sinnliches aufnimmt, erfährt er Seelisches, Bitten und Verlangen, hold und mild, werden süß empfunden. Es ist, als ob die Begrenzung der Person aufgelöst und nur noch Offenheit da sei für die Welt und was an geheimnisvoller Empfindung aus ihr herbeiströmt. Zwischen Gemüt und Natur, zwischen Seelenraum und nächtlichem Raum ist keine Scheidewand mehr. Kein nach Gestalt verlangendes Auge sucht das bestimmte Bild und mit ihm den ordnenden Sinn, sondern ein bloßes Lauschen, ein bloßes Sehen waltet vor.

Dabei stürzt gleichsam alles, was erlauscht und alles, was ersehen wird, in einem Vorgang von vollkommener Simultaneität in die Tiefe des Gemütes hinein. In der ersten Strophe weht es von »draußen«, aber Flöte, Brunnen und goldene Töne sind magisch der Innerlichkeit anverwandelt. In der zweiten Strophe ist zuerst von Seelischem die Rede, von Wunsch und Verlangen; aber es findet sich sogleich wieder in der Unendlichkeit der Nacht:

Durch die Nacht, die mich umfangen,
Blickt zu mir der Töne Licht.

Über keinen Dichter ist so schwer reden, keiner nötigt so zu ungenügender Umschreibung. Das liegt nicht nur an der unbegreiflichen Süße seiner Worte und auch nicht allein an der zauberhaften Allgemeinheit seiner Bilder, von der noch die Rede sein wird. Zunächst entspringt die Schwierigkeit jener gänzlichen Vermischung der Bereiche und Vermögen, die in einem so reinen Akkord aufgehen. Innen und Außen sind ungeschieden, Innen ist Außen und Außen ist Innen.

Man hat es geradezu zum Kennzeichen der lyrischen Dichtung gemacht, daß sie weder Außenwelt noch Innenwelt darstelle, daß vielmehr in ihr »innen« und »außen«, »subjektiv« und »objektiv« unscheinbar seien. Wenn irgendwo, so gilt diese Bestimmung von Brentano, von dem sie auch am überzeugendsten zu gewinnen ist; wenn irgendeiner, so hebt Brentano die alte Guckkastenvorstellung vom menschlichen Gemüt auf.[5] Es ist nicht so, daß durch die Öffnungen von Auge und Ohr ein Ausschnitt der Welt auf die empfangende Seele projiziert wird – je differenzierter der Mensch ist, um so mehr wird er die Welt mit seinem ganzen Dasein aufnehmen. Aber dabei erklärt er dann auch seine Grenzen und findet seine Sehnsucht gefangen in den Bedingungen nicht nur der physischen Existenz. Er muß spüren, wie das, was er bemerkt und denkt, eben von dieser Begrenzung bestimmt wird. Die Magie brentanoscher Verse beruht auf dem Anschein, daß solche Grenzen aufgehoben seien – der schönste Zauber.

Man könnte sich hier nun Goethes erinnern, wenn er etwa vom Menschen als »Natur von innen«[6] spricht und immer wieder Inneres durch Äußeres zur Sprache bringt. Es gibt jene Formulierung, »was Plato von Anbeginn gewußt«:

> ... *das ist der Natur Gehalt,*
> *Daß außen gilt was innen galt.* [7]

Aber alle solche Äußerungen Goethes gelten von der gewachsenen, gestalteten Natur. Das Außen, das er meint, ist ein bestimmtes, anschauliches und im weiteren Sinne geschichtliches Außen, so wie das mit ihm zu Worte kommende Innere oder Höhere bestimmt ist, auch wenn es nicht auf den Begriff geht. Das zu ermöglichen, war eben die Leistung des Goetheschen Bildes. Das erste jedoch, was uns in Brentanos Versen entgegenkommt, ist die schwebende Unbestimmtheit. Unablässig webt nicht nur der Klang; unablässig fließt es von Innen nach Außen, gehen Sinnliches und Geistiges ineinander über, wechselt es zwischen Nähe und Ferne, Bewegung und Ruhe. Auch sind die Worte nicht an sich bedeutend oder die Dinge an sich erkennbar. Figur auf Figur, Bild auf Bild schwebt an uns vorüber, ehe wir begriffen haben, ob der Gehalt des Wortes und der Schimmer des Bildes überbaupt bedeutsam seien; ob wir nicht vielmehr die Figurationen bloßer Musik wahrnehmen. »Golden wehn die Töne nieder ... Wie es süß zum Herzen spricht ... Blickt zu mir der Töne Licht ...«; manchmal glauben wir, dumpf Bedeutung zu ahnen, aber erkennbar wird sie nicht, es gehört zur totalen Fühlbarkeit eben auch ein Sinngefühl. Auch in diesen Versen ist kein Verweilen in dem geschlossenen Bild, das sich in Raum und Zeit expliziert. Kaum erkennen wir das bestimmte Individuum in seiner Zeitlichkeit, so umfangen ist es von dieser Zaubernacht.

Auch im Volkslied wechseln die Bilder. Das einfache Gemüt, das der Begriffe sich nicht bedienen kann, bedient sich der Dinge der Welt, um seine Not zur Sprache kommen zu lassen. Ein Gefühl durchzuhalten, ein Gedicht zum vollkommenen Ausdruck bestimmter Erfahrung zu machen, fordert Kunstverstand, den das Volkslied zumeist nicht hat. So schlägt es, in einer höchsten Form rührenden Stammelns, immer neu den Ton an, der dem zu Sagenden entspricht. Tradition und dunkles Bewußtsein haben dazu die Zeichen bereitgestellt, die die Not des einzelnen als die Not aller aussprechen. Sie sind so allgemein und ursprünglich, daß ein jeder Hörende auch sein Gemüt darin wiedererkennen wird. Und wenn Herder schon von den »Würfen und Sprüngen«[8] sprach, die in den Volksliedern zu finden sind, so hat er das Rechte getroffen: immer erneut zielt das nicht des Begriffs mächtige Bewußtsein mit einer anderen vorhandenen Wendung darauf, die Unendlichkeit von Not und Fühlen auszusprechen. Dabei sind es die Dinge der nahen Natur, die, dem Gemüt vertraut, dessen Gestimmtheit hinlänglich vermitteln. Dennoch kehrt Brentano nicht, vor Goethe zurückgehend, mit dem auf- und abklingenden Wechsel der Bilder zu den schlichten Ursprüngen lyrischer Bildlichkeit zurück.

Wir sehen einen ganz anderen Vorgang von großer Tragweite: Hier spricht ein lyrischer Dichter ersten Ranges, er spricht mit Kunstverstand. Zart und zauberhaft, wie diese Gebilde sein mögen, entbehren sie doch nicht eines sehr kunstvollen kompositorischen Elementes, um so bewundernswerter, je mehr es sich unserer Bestimmung entzieht. Die Einfachheit, mit der die Rede geht, ist ganz anderer Art als die Einfachheit des Volksliedes. Dies benutzte die allgemeinen Bilder, *Rosenstock, fischreich Wasser, Gärtlein, Berg und tiefes Tal, flüchtig Wild,* weil in ihnen die undifferenzierten Gemütslagen des Sprechenden vollkommen aufgingen. Allgemein, wie die Entsprechung war, war sie doch keineswegs ungenau. Sie ermöglichte eine älteste Form des uneigentlichen Sprechens, in der Bild und Gemüt sich aneinander ausdrückten. Dabei blieb schließlich eine selbstverständliche Grenze zwischen dem Gegenstand der Natur und dem anonymen Sprecher, die bei Goethe genau so erhalten ist.

Hier ist das anders. Das Bild ist nicht mehr bestimmt, weil das Gefühl des Dichters total geworden ist. Auch kommt das Individuelle nicht mehr *durch* die Natur zur Sprache, sondern beide gehen ineinander über.

Es küsset die Welle die Welle so gerne
Und reißet vom Ganzen nicht einer sich los;
Doch blüht einem jeden das Ganze im Schoß,
Und tief durch den Schleier, da weht es von ferne. [9]

Indem Gefühl und Bild so vollkommen ineinander übergehen, löst sich die Person im Unendlichen auf, das Geschichtliche der Erscheinungen verflüchtigt sich. War das Volkslied gleichsam vorgeschichtlich, so sind diese Lieder jenseits von aller geschichtlichen Bestimmtheit. Sie sind überhaupt jenseits aller Bestimmtheit, an deren Stelle die Stimmung getreten ist. Ihre Bilder dienen als Lösungsmittel, das die Person im Unendlichen aufgehen läßt und das Unendliche in der Person. Bei Goethe dagegen sind sie auch um ihrer selbst willen da als anschauliche Erscheinung, und sie haben Wirklichkeit, ohne die nichts Bestimmtes zur Sprache kommen kann. Hier sind sie Brücken, Medien des Überganges zwischen Seele und Weltraum. Sie sind nur noch scheinbar Natur, sie nähern sich dem Charakter der Chiffre, die nicht sich selber meint. Das Naturding entäußert sich seiner selbst,

Es öffnet jed Leben dem andern die Brust
Und trinket mit Lust,
Ganz ohnbewußt,
Den himmlischen Kuß,
Den Wechselgenuß.
So innig umschlungen,
So heilig durchdrungen,
Umhüllet ein Rausch
Den lieblichen Tausch. [10]

Dieser poetische Vorgang, der nicht umsonst sich der erotischen Sprache der Mystik bedient, dient nicht der Hervorbringung von Individualität, Geschichte und Sinn. Er dient nur noch einem innigen Allgefühl, welches in Goethes Lyrik durchaus enthalten, nie aber überwiegend ist. Am bedeutendsten hat Hardenberg getroffen, was wir hier in Brentanos Lyrik wiederfinden:

Lernt er nur einmal fühlen? Diesen himmlischen, diesen natürlichsten al-
ler Sinne kennt er noch wenig: durch das Gefühl würde die alte, ersehnte
Zeit zurückkommen; das Element des Gefühls ist ein inneres Licht, was
sich in schönern, kräftigern Farben bricht. Dann gingen die Gestirne in
ihm auf, er lernte die ganze Welt fühlen, klarer und mannigfaltiger, als
ihm das Auge jetzt Grenzen und Flächen zeigt. Er würde Meister eines un-
endlichen Spiels und vergäße alle törichten Bestrebungen in einem ewi-
gen, sich selbst nährenden und immer wachsenden Genusse. Das Denken
ist nur ein Traum des Fühlens, ein erstorbenes Fühlen, ein blaßgraues,
schwaches Leben. [11]

Ein menschliches Vermögen wird hier allen anderen vorgeordnet,
das Gefühl. Es wird zum Mittel einer totalen Wahrnehmung und Di-
vination, deren mystische Möglichkeiten diejenigen des Denkens
weit hinter sich lassen; es steigert den Menschen. Von dem total
Fühlenden fällt alle tägliche Nichtigkeit ab, er wird zum »Meister eines unendlichen Spiels«, in welchem sich ein neues, freies Verhältnis zur Welt verwirklicht. Die Funktion des Spiels als der wiederholbaren, freiwilligen Anerkennung gültiger Regeln, dessen Zwecklosigkeit erhaben ist, ist des Nachdenkens wert. Goethes Kunstbegriff
ist mit Spiel und Schein, dem ernstesten Als Ob, eng verbunden.
Aber wenn für ihn die Grundlage und das eigentliche Ziel solchen
Spieles in der Anerkennung einer geahnten ewigen Regel lag, so
wird es hier unerhört subjektiviert. Es dient der höchsten Steigerung
des Selbst-Gefühls. Es ist ein geheimes, mystisches Wahrnehmen
der Welt, welches Freiheit ganz unklassisch als Macht versteht:

... die Außenwelt wird durchsichtig, und die Innenwelt mannigfaltig und
bedeutungsvoll, und so befindet sich der Mensch in einem innig lebendi-
gen Zustande zwischen zwei Welten in der vorkommenden Freiheit und
dem freudigsten Machtgefühls. [12]

Das freie Sein zwischen zwei Welten, das die Grenze zwischen Individuum und Natur auflöst und damit jenem geheimnisvolle Gewalt
über diese verleiht, ist Magie; denn die echte Mystik will keine
Macht, vielmehr Erfahrung ohne Genuß. Schon der bloße fühlende
Betrachter im Sinne des Novalis hat solche Macht über die Welt. Indem ihm ihre Erscheinungen ganz zuteil werden, dechiffriert er sie,
um sie neu chiffrieren zu können. Sie werden ihm untertan und er

kann das als Chiffre Erkannte im Spiele zu immer neuen Erscheinungen zusammenspielen: »Der eigentliche Chiffrierer ... wird auf der Natur wie auf einem großen Instrument phantasieren können ...«[13]

Am höchsten ist dieses Vermögen in den Dichtern ausgebildet, die wie niemand sonst über die Chiffren der Natur verfügen und zwischen zwei Welten leben:

Man beschuldigt die Dichter der Übertreibung, und hält ihnen ihre bildliche uneigentliche Sprache gleichsam nur zugute, ja man begnügt sich ohne tiefere Untersuchung, ihrer Phantasie jene wunderliche Natur zuzuschreiben, die manches sieht und hört, was andere nicht hören und sehen, und die in einem lieblichen Wahnsinn mit der wirklichen Welt nach ihrem Belieben schaltet und waltet; aber mir scheinen die Dichter noch bei weitem nicht genug zu übertreiben, nur dunkel den Zauber jener Sprache zu ahnden und mit der Phantasie nur so zu spielen, wie ein Kind mit dem Zauberstabe seines Vaters spielt. Sie wissen nicht, welche Kräfte ihnen untertan sind, welche Welten ihnen gehorchen müssen. Ist es denn nicht wahr, daß Steine und Wälder der Musik gehorchen und, von ihr gezähmt, sich jedem Willen wie Haustiere fügen?[14]

Diese Erwägungen Hardenbergs sind wie ein Kommentar zu Brentanos Versen, in denen der dichtende Sinn absichtslos verwirklicht, was hier entworfen wurde. Die Transgression von Seele in Welt – und umgekehrt –, die Identifikation von beiden, der geheimnisvolle Chiffrencharakter der Naturerscheinung, alles ist von Novalis gedacht und mystisch begründet. Und auch jene Erfahrung, die uns beim Hören der Verse in so subtile Erregung zu setzen vermag, ist nicht übergangen, ja sie gibt einen fundamentalen Satz ab:

Der denkende Mensch kehrt zur ursprünglichen Funktion seines Daseins, zur schaffenden Betrachtung, zu jenem Punkte zurück, wo Hervorbringen und Wissen in der wundervollsten Wechselverbindung standen, zu jenem schöpferischen Moment des eigentlichen Genusses, des innern Selbstempfängnisses.[15]

Der denkende Mensch ist hier theoretischer Mensch im engsten Wortsinne. In einer schöpferischen Anschauung vollzieht er den magischen Akt einer Produktion, die vom Eingeweihtsein in das

Weltgeheimnis ermöglicht wird. Weil er weiß, produziert er; weil er zeugt, weiß er. Dabei, in diesem ständigen Übergang, wird ihm der höchste Genuß – Empfängnis seiner selbst.

Dieses Wort ist ein abgründiges Wort, und wenn man bislang mit einigem Mißverstehen und Dehnen noch die Meinung hätte aufrecht erhalten können, daß ähnliche Anschauungen auch bei Goethe zu finden seien (etwa in dem zitierten Satze, daß alle Auslegung von Poesie sich zwischen dem Wirklichen und Ideellen zu halten habe), so wird nun ganz deutlich, daß wir eine andere Welt betreten haben. Goethe bringt sich zur Sprache – auch das ist ein Sichfinden –, indem er sich der Natur unterordnet. Weil deren vorgegebenes Bild bestehen bleibt, kann sich der Mensch daran erkennen und aussprechen. Hier ist die »ganze Natur« nur »als Werkzeug und Medium des Einverständnisses vernünftiger Wesen« verstanden.[16] Sie hat Chiffrencharakter und wird, bei aller mystischen Anschauung, verfügbar. Sie dient der Selbstempfängnis, einem Worte, mit dem die erotische Begriffssprache der Mystik sich selbst aufhebt. Brentano sagt:

Und wer sich mit Liebe nicht selber umarmt,
Für den ist das Leben zum Bettler verarmt.
In eigenem Busen muß alles erklingen,
Und daß der Sinn leicht finden es kann,
Hat's viele buntfarbige Kleider an,
Und Hülle und Geist sich zum Leben verschlingen. [17]

Was hier gesagt ist, leisten Brentanos Gedichte. Wir haben eine unbeschreiblich bezaubernde Sphärenmusik zum Selbstgenuß vor uns. Wir finden die Aufhebung aller Grenzen, welche Gestalt bestimmen, nicht nur der natürlichen Gestalt, sondern auch der sich selbst begrenzenden Seele. Wir haben ein immer erneutes Streben nach Identifikation mit All und Unendlichkeit, deren Chiffre die Bilder sind. Wir finden uns auf Schritt und Tritt an jenes andere Wort Hardenbergs erinnert, das die subjektive Kehrseite des unendlichen Strebens und ein Hauptelement des Romantischen formuliert: »Poesie = Gemüterregungskunst«.[18]

Vielleicht macht gerade diese Gleichung am ehesten deutlich, wie mit der Totalität des Gefühls ein Kosmos verengt wird, der bei Goethe umfassend bestand. Die Intensität von Selbstempfängnis und Gemütserregung bewirkt, daß ganze Bereiche schwinden und mit ihnen die greifbare Individualität, die man nicht mit der Bestimmbarkeit poetischen Stiles verwechseln darf. Das Gedicht hat nicht eigentlich einen gegenständlichen Charakter mehr. Auf die »Idee« ist ohnehin im fließenden Lichte einer Anschauung Verzicht getan, die schließlich sich selber sucht. Alles, auch das Geschichtliche, geht auf in dem Großen Alkahest des Totalgefühls, welches die Erscheinungen auflöst in poetischen Zaubertrank. Die Wahrnehmung dessen hat Goethe zu allerlei Warnungen veranlaßt, wenn er etwa konstatierte, wie wenig die jungen Leute dahin gelangen, »sich selbst Gesetze vorzuschreiben und in den von der Natur gezogenen Kreis zu beschränken«. Aber er fährt fort:

Würde der junge Dichter freundlich drein sehen, wenn man ihm Beschränkungen zumutete? Würde das Publikum zufrieden sein, wenn man sein augenblickliches Entzücken und Verwerfen zur Mäßigung heranriefe? Besser ist es, die Zeit gewähren zu lassen … [19]

Die Zeit hat der romantischen Haltung eine lange Dauer und der deutschen Literatur damit eine Entwicklung gewährt, die sie von den anderen europäischen Literaturen unterscheiden sollte. Noch im Jahre 1903 spricht der junge Hofmannsthal, mäßiger zwar als Novalis, von jener Empfängnis:

Wie der wesenlose Regenbogen spannt sich unsere Seele über den unaufhaltsamen Sturz des Daseins … wir selbst besitzen uns nicht: Von außen weht es uns an, es flieht uns für lange und kehrt uns in einem Hauch zurück …

und von den Dingen der Natur in der Poesie heißt es, sie seien

… die eigentlichen Hieroglyphen, … lebendig geheimnisvolle Chiffren, mit denen Gott unaussprechliche Dinge in die Welt geschrieben hat. Glücklich der Dichter, daß er auch diese göttlichen Chiffren in seine Schrift verweben darf – … es sind Chiffren, welche aufzulösen die Sprache ohnmächtig ist. [20]

Rilke aber, in alles vermischender Eloquenz, wiederholt seine Erfahrung »denn ich fühle, ich weiß« immer wieder, wo ihm, »wenn er solches lange genug ertrug, alles in der klaren Lösung seines Herzens so vollkommen aufging, daß der Geschmack der Schöpfung in seinem Wesen war«.[21] Aus den Bildern der Dichter schwindet die Unterscheidung. Viel großartiger, vor allem viel reiner als bei den Späteren, tritt uns das Schwinden der Grenzen, die Macht des Gefühls und die Verwandlung der geschichtlichen Natur zur Chiffre in Brentanos Versen entgegen:

Sprich aus der Ferne!

>*Sprich aus der Ferne,*
>*Heimliche Welt,*
>*Die sich so gerne*
>*Zu mir gesellt!*

Wenn das Abendrot niedergesunken,
Keine freudige Farbe mehr spricht,
Und die Kränze stilleuchtender Funken
Die Nacht um die schattichte Stirne flicht:
>*Wehet der Sterne*
>*Heiliger Sinn*
>*Leis durch die Ferne*
>*Bis zu mir hin.*

Wenn des Mondes still lindernde Tränen
Lösen der Nächte verborgenes Weh,
Dann wehet Friede. In goldenen Kähnen
Schiffen die Geister im himmlischen See.
>*Glänzender Lieder*
>*Klingender Lauf*
>*Ringelt sich nieder,*
>*Wallet hinauf.*

Wenn der Mitternacht heiliges Grauen
Bang durch die dunklen Wälder hinschleicht,
Und die Büsche gar wundersam schauen,
Alles sich finster, tiefsinnig bezeugt:
>*Wandelt im Dunkeln*
>*Freundliches Spiel,*
>*Still Lichter funkeln*
>*Schimmerndes Ziel.*

Alles ist freundlich wohlwollend verbunden,
Bietet sich tröstend und traurend die Hand,
Sind durch die Nächte die Lichter gewunden,
Alles ist ewig im Innern verwandt.
 Sprich aus der Ferne,
 Heimliche Welt,
  Die sich so gerne
 Zu mir gesellt![22]

Wieder nehmen wir als erstes Musik wahr. Sie ist nicht allein irdische, sie ist auch Sphärenmusik. Der Raum nämlich, in dem dieses Gedicht stattfindet, ist ganz unbestimmt. Es ist der Raum des Sprechenden oder des Hörenden, es ist auch Weltraum, irdischer und Sternenraum. Viele Bilder klingen auf, um gleich wieder zu vergehen. Da ist Irdisches: Kränze, Farben, Stirne, Büsche; da ist Himmlisches: Mond und Sterne; und da sind Bilder, in denen Irdisches und Himmlisches sich unenträtselbar vermischt: »goldene Kähne im himmlischen See«.

Das Gedicht hat zwei verschiedene einfache Strophenformen, eine kurze und eine längere, die schon rhythmisch ständigen Wechsel fühlen lassen. Es setzt mit einer kurzen Strophe ein; eine Aufforderung an die Welt ergeht »Sprich aus der Ferne!« als ob hier die Welt, in der doch auch wir sind, eine ferne Welt sei. Aber schon die zweite Zeile nimmt diese Ferne zurück. Sie nennt die Welt *heimlich*, in einem bedeutenden Doppelsinn. Heimlich heißt vertraut; heimlich heißt aber auch verhohlen, geheimnisvoll, und wir erkennen die Ungewißheit zwischen zwei Bedeutungen als ein Mittel, welches das Unenträtselbare zu vermitteln sucht; anders also als viel später bei Rilke, wo der Gebrauch des doppelten Sinns zum Mittel wird, das Ungenaue virtuos zu überspielen. Die Welt, in der wir sind, spricht aus der Ferne und ist dennoch heimlich; vertraut und unenträtselbar; entrückt und gern gesellt.

So wie der rhythmische Wechsel sogleich auffällt, so findet sich gleich anfangs eine andere Art von Wechsel. Kontradiktorisches ist harmonisch vereint. Auf Schritt und Tritt begegnen wir in diesen Versen Aussagen, welche sich inhaltlich aufheben und trotz jener süßen Harmonie von der Vernunft in keiner Weise zu harmonisieren sind. Zwar setzt die erste »Langstrophe« mit einem sinnfälligen

Bilde ein: »Wenn das Abendrot niedergesunken Keine freudige Farbe mehr spricht.« Es ist Abend, Beginn der Nacht, die Farben verdämmern, die wir in Goethes Morgengedicht erscheinen sahen. Aber die so berufene vertraute Natur wächst sogleich aus der Nähe hinaus: »Und die Kränze stilleuchtender Funken Die Nacht um die schattichte Stirne flicht.« Das Naturbild geht über in ein größeres, halbmythologisches. Die Nacht flicht Kränze von Funken; sind es Sterne? Sind es Lichter einer weiten Ebene? Flicht sich die Nacht diese Kränze um die eigene, erhabene Stirn? Um das Haupt desjenigen, der da spricht? Selbst wenn wir's enträtseln wollten, wir könnten es nicht. Wir fühlen den allgemeinen, höchst sinnlichen Eindruck, aber er entzieht sich jeglicher Bestimmung, um im Unbestimmten und Schwebenden zu bleiben. Das Schiff dieses Gedichtes fährt ohne den Ballast der Wirklichkeit.

Indem wir dies festhalten, haben wir schon fast vergessen, daß die vier ersten langen Zeilen mit einem *Wenn* beginnen, dem nun eine Auflösung folgen muß. Was ist, wenn das Abendrot niedergesunken und die Nacht ihre Kränze windet? Dem *Wenn* folgt kein *Dann*, und der unscheinbare Doppelpunkt, den manche Ausgaben an dieser Stelle (nicht aber der entsprechenden der nächsten Strophe) haben, ist höchst unsicher überliefert. Wagen wir es dennoch: dann »Wehet der Sterne Heiliger Sinn Leis durch die Ferne Bis zu mir hin.« Der Sterne Sinn, der heilig ist, weht durch die Weite des Raumes zu mir, durch alle Ferne. Der Raum der Sterne und der des Sprechenden wird so zu einem einzigen, einheitlichen Raum. Das Geheimnis des ganzen Kosmos weht herüber. Es wird nicht durchsichtiger oder erschlossener, aber es wird fühlbar und anwesend.

Und nun, wie die folgenden langen Strophen alle, setzt die nächste wiederum mit einem *Wenn* ein. Es scheint, als ob die Nacht vorschreitet. Der Mond ist da, auch sogleich in einer halb mythologischen, halb unfaßlichen Sphäre: »... des Mondes still lindernde Tränen Lösen der Nächte verborgenen Weh.« Eigentlich, so sollte man denken, weint der Sprechende die Tränen; eigentlich kann das empfundene Weh nur des Dichters Weh sein. Aber die Vereinigung, der Übergang des Sprechenden in die weite heimliche Welt ist so weit gegangen, wie die Auflösung der Seele im Weltraum. Es sind des Mondes still lindernde Tränen, es ist der Nächte verborgenes Weh, das zu diesem Zeitpunkt sich löst und Frieden schafft.

Hier gilt es, sich für einen Augenblick an Goethes *Herbstgefühl* zu erinnern, ein scheinbar nicht unverwandtes Gedicht. Auch dort wurden Welt- und Seelenraum einander angenähert und das Gefühl des Moments aussprechlich durch den ganzen Kosmos. Aber niemals wird die Selbständigkeit des Individuums angetastet, so wenig wie die Natur, bei aller unbeschreiblichen Größe oder tröstlichen Nähe, an Bestimmtheit einbüßte. Hier ist es anders; hier sind die Bilder nicht mehr bloße Natur. Sie sind zu jenem Lösungsmittel geworden, in dem die Seele aufgeht. So kann es kommen, daß schließlich das letzte Bild dieser zweiten langzeiligen Strophe vollkommen jenseits des »Vernünftigen« ist, jenseits auch des Einsichtigen. Es wirkt durch die grandiose Kraft seiner sinnlichen, zur hieroglyphischen Chiffre gewordenen Elemente: »In goldenen Kähnen Schiffen die Geister im himmlischen See«. Der Dichter spricht mystice, und die Chiffrierung des in seinem Bilde enthaltenen Wirklichen verzichtet von vornherein auf die Möglichkeit, daß die Chiffre auflösbar sein könnte. Wie um dieses gänzlich rätselhaft-magische Ineinander von einsichtigem Sprachelement, sinnlich-emanzipiertem Sprachleib, Kosmos und Seele noch zu bekräftigen, lautet dann die folgende kürzere Strophe:

Glänzender Lieder
Klingender Lauf
Ringelt sich nieder,
Wallet hinauf.

Nun sind auch alle Sinne vermischt, die Wahrnehmung ist vollkommen und synästhetisch geworden. Die Lieder klingen nicht, sie glänzen; aber ihr Lauf klingt, ja er ringelt sich, eine Weise der Bewegung – alle Verben sind hier Verben der Bewegung – die dem Ton nicht natürlich ist. Indem die Töne feierlich hinauf- und hinabwallen, wirken optische, akustische, seelische, physikalische Räume so durcheinander, daß es bestimmbaren Ort nicht zu geben scheint, nur noch den Klang der Sphären.

Die dritte der längeren Strophen beginnt wieder mit dem bedingenden *Wenn* und leitet uns auf ein Bild, das nur auf kurze Weile »natürlichen« Anschein hat. Da ist mitternächtiger Wald, dessen Anschauung aber in ein magisches Dasein gehoben wird. Heiliges

Grauen ist in dem Dunkel, so wie anfangs heiliger Sinn durch die Ferne wehte. Aber das heilige Grauen hat so viel Gegenwärtigkeit, daß es selbst durch die Wälder schleicht, auf bange Weise. Das Phänomen, welches erfahren wird, erregt nicht in uns ein bestimmtes Gefühl, sondern besitzt dessen Eigenschaften selbst. Was das Subjekt zu empfinden pflegt, ist Teil des Objekts geworden. Wiederum ist die Vermischung von Objektivem und Subjektivem, von Empfindung und Sache unauflöslich, die viel später, bei Trakl etwa, den Stil der lyrischen Rede schlechthin bestimmen wird. Eine Konjugation von Seele und anschaulich fühlbaren Wirklichkeitselementen hat stattgefunden, aus denen das scheinbar objektive Gedicht hervorgeht; scheinbar objektiv, weil seine magische Wirklichkeit unser Selbst sogleich mit einbezieht. Sicher ist in dem schaudervollen Zwielicht nur der Satz »Alles sich finster, tiefsinnig bezeugt.«

Nur mit Bangnis bedenkt man die Folgen, die diesem letzten Bedingungssatz entsprechen würden. Aber aus der magisch-furchtbaren Bedrängnis folgt ganz anderes: freundliches Spiel wandelt im Dunklen, in gänzlichem Widerspruch zu der – vergeblichen? – Angst schimmern stille Lichter auf, ein funkelndes Ziel. Sind die Lichter das Ziel? was für Lichter sind es? die, welche die Nacht um die Stirne windet, eine Hütte, die dem verirrten Wanderer leuchtet? aber wer wäre hier verirrt? Alles das ist nicht zu sagen, wir bleiben im Raume sinnlicher Ungewißheit, allerdings aus dem unheimlichen in einen freundlichen Bezirk geleitet.

Dann setzt mit großer Kraft die letzte Langstrophe ein und zieht ein Fazit, eine aus den wechselnden Gefühlen entwachsene Konfession:

Alles ist freundlich wohlwollend verbunden,
Bietet sich tröstend und traurend die Hand,
Sind durch die Nächte die Lichter gewunden,
Alles ist ewig im Innern verwandt.

Es wäre müßig, hier »Sinn« präzisieren zu wollen, ein Unterfangen, das schon an sich gegen die Natur des lyrischen Gedichts, gewiß aber gegen das brentanosche gerichtet sein muß. Als ob wir die innige Verbindung von allem in allem nicht schon gefühlt hätten. Warum das so ist, warum eine solche Wahrnehmung noch durch das nächtliche Bild bestätigt wird, entzieht sich der Bestimmung. *Tröstend* und *traurend* ist der Verein der Welt, und es muß offen bleiben, ob sich hinter dieser Entgegensetzung das tiefsinnige Hin und Wider verbirgt, das das Ganze durchwebt, oder ob jenes *tröstend* dieses *traurend* nach sich zieht nur durch den schönen Klang. Und dann schließt das Gedicht mit den gleichen Versen, mit denen es begonnen hatte. Sie ertönen auf anderer Ebene als zu Anfang, aber sie sind noch rätselvoller geworden:

> *Sprich aus der Ferne, heimliche Welt,*
> *Die sich so gerne zu mir gesellt.*

Auch in diesem großen Gedicht ist nur das Element der Sensitivität durchgängig, die nicht aus der Anschauung entspringt, sondern aus dem Zusammenwirken aller Vermögen. Zwar sind zahlreiche Bilder darin, *Kränze, goldner Kahn, dunkle Wälder, Lichter im Dunkeln*, aber keines dieser Bilder hat Beharrung und keines drängt nach Explikation. Jedes tritt sogleich aus sich selbst heraus, indem es in Welt- oder Seelenraum übergeht, so flüchtig, wie jede, auch die schönste sinnliche Empfindung. Keines steht für sich, als Erscheinung auch Ausdruck seines gewachsenen, historischen und bestimmten Selbst. Alle Dinge sind gelöst oder Lösungsmittel, grenzenlos. Sie haben jenen Chiffrencharakter, der die Eindruckskraft nicht mehr so sehr dem Dasein und den Eigenschaften des Dinges selbst, als der Erregbarkeit des Gemütes entnimmt. Die innere Anschauung findet sich in Musikalität verwandelt, welche die Intensität des Fühlens auf einen hohen Grad bringt und den Wahrnehmenden im Sinne des Novalis zur Person macht: sie bewirkt den Genuß innerer Selbstempfängnis. Die Dinge sind Vorwand des Selbst-Gefühls, ja es ist fraglich, ob hier überhaupt noch Dinge als Dinge der Welt vorhanden sind, ob sie nicht vielmehr den sinnlichen Körper abgeben, an dem die Seele des Hörenden sich fühlt und wärmt. Was das Ding, was das Bild selber ist, ist für diese Wirkung nur noch scheinbar erheblich.

Damit ist ein Unterschied gegenüber der Funktion von Ding und Bild bei Goethe beschrieben. In Brentanos Versen sind Sinn und Wirklichkeit hinter die Sprache zurückgegangen, die nicht mehr auf beides weisen will. Zugleich ist die Person kaum mehr auch vernünftige Person, welche Sinn und Realität zu erfahren trachtet und durch das Bewußtsein dieser Erfahrung sich geschichtlich verhält, sondern sie ist gänzlich fühlende Person. In der Intensität ihres Fühlens ist ihre Bestimmtheit gefährdet, genauso wie diejenige des Bildes in der Chiffrierung aufgehoben wird. Die Beschreibung eines solchen Vorganges sagt nichts über den Rang dieses Gedichtes (es hat höchsten Rang), wohl aber etwas zur Geschichte der deutschen Literatur. Die in ihr lang hinwirkende Romantik hat sich wie keine andere europäische »Romantik« vom Stimmungshaft-Sinnlichen geleitet gefunden. Die sinnliche Faszination wirkte nicht nur bis zu Rilke, der sie zum Äußersten nutzte, so, daß es ein redliches plus ultra nicht mehr gibt. Sie wirkte auch auf die Ästhetik, jene seit Friedrich Theodor Vischer in Deutschland so selten gewordene Disziplin, zu deren bedeutendsten Hervorbringungen – außer Max Kommerells gelegentlichen Bemerkungen und Wolfgang Kaysers Buch über das Sprachliche Kunstwerk – Emil Staigers »Grundbegriffe der Poetik« gehören.

Aber gerade dieser einsichtsvolle und in der Poesie wahrhaft erfahrene Autor gewinnt seine Darstellung des Lyrischen fast ausschließlich aus der Weise lyrischen Daseins, die wir bei Brentano finden. Dennoch hat es ein Lyrisches im Mittelalter gegeben, in den Figuren des Minnesangs und in den Bildern mittellateinischer Poesie, das ganz anderer Art gewesen; außerhalb des deutschen Barocks finden wir bei den Elisabethanern oder etwa bei Ronsard Gedichte höchsten Ranges, von denen keineswegs gilt, daß ihre Momente »Musik, Verflüssigung, Ineinander« seien.[23] Und so lyrisch oder gar romantisch uns Shelley oder Keats, Rimbaud oder Baudelaire gelegentlich anmuten, könnte man von ihnen sagen, daß »der lyrische Dichter gewiß der unfreieste ist, hingegeben, außer sich, getragen von Wogen des Gefühls …«? Und Goethe?

Der Dichter als Katalysator der Emanationen des Weltraums, der ganz Fühlende … wie unglaublich groß ist die Kraft der deutschen Romantik, wenn sie so dem bedeutendsten Kritiker das Lyrische schlechthin verkörpert. Schon allein um dieses für die deutsche Literaturgeschichte entscheidenden Vorganges willen sind die Meinungen der Grundbegriffe hier noch weiter zu bedenken. »Einheit der Musik der Worte und ihrer Bedeutung«, so faßt Staiger das Wesen des Lyrischen zusammen, »unmittelbare Wirkung des Lyrischen ohne ausdrückliches Verstehen; Verzicht auf grammatischen, logischen und anschaulichen Zusammenhang; Dichtung der Einsamkeit, welche nur von einzelnen Gleichgestimmten erhört wird: Alles bedeutet, daß in lyrischer Dichtung keinerlei Abstand besteht.«[24] Indem Staiger von Brentano herkommt, vollzieht er die an sich schon vollkommen romantische Identifikation von Wortmusik und Wortbedeutung: wieder überwiegt das sinnfällige Gefühl. Es wird ja keiner mehr so unverständig sein zu meinen, daß die Bedeutung des dichterischen Wortes auf den Begriff gehe. Wäre es an dem, so brauchten wir keine lyrische Poesie und könnten der Bilder entraten, um die Seele auszusprechen. Aber die bloße Musik der brentanoschen Verse hat einen Fehlschluß verursacht, wenn man in ihr das bedeutsamste Mittel lyrischer Verständigung zu finden vermeint. Es gibt die Verständigung durch die Einsichtigkeit des inneren Bildes, als welches das lyrische Bild sich in uns erzeugt. Es läßt uns sehr wohl Bedeutung zukommen, die weder auf den Begriff geht, noch sich metaphorisch erklärt, noch auch der Einheit von Wort und Musik entspringt. Es war gerade die Differenz zwischen anschaulicher Natur und dem, was man Bedeutung nennen kann, die es Goethe ermöglichte, sich beider zum Sprechen zu bedienen.

Jedes lyrische Gedicht ist der Gefahr ausgesetzt zu zerfließen, dann jedenfalls, wenn ein wirkliches Gefühl in ihm zu Worte kommen will. Seine Unendlichkeit bedarf jener Bändigung, über die Hölderlin so viel und nicht zuletzt im Zusammenhang des Satzes »und immer Ins Ungebundene gehet eine Sehnsucht«[25] nachgedacht hat. Aber es ist nicht allein der Kehrreim oder die Wiederholung, die das Aufgehen im Unendlichen hindert. Es gibt lyrische Gedichte, die ohne solche Entsprechungen bestehen. Neben der Zusammenfassung durch die Form im äußeren Sinne gibt es noch den Halt, welchen die Einheit des Bildes oder die Einheit der geschichtlichen Person verleiht, die ihren Augenblick ausspricht. Indem das total gewordene Gefühl auf sie verzichtet, tut sich die fließende Unendlichkeit auf.

Vor allem aber: daß wir von lyrischen Bildern sprechen, heißt nicht, daß es Wortgemälde gäbe; so wenig wie der Verzicht auf grammatischen Zusammenhang etwa die Behauptung begründen könnte, das Gedicht sei unverständlich, so wenig sagt der »Verzicht auf Logik« etwas über die Vernünftigkeit lyrischer Poesie. Eine eng verstandene Logik freilich, deren Schlüsse erweisbar sind, erwarten wir im Gedicht nicht. Aber wir finden eine höhere Art von Schlüssigkeit, etwa jene, mit der Goethe in den Dornburger Gedichten den Zusammenhang von Tageszeit und Lebenszeit in Eins faßt, in der Einheit der Anschauung begründet. Niemand wird sagen, daß das nicht logisch sei. Indem die Anschaulichkeit des Bildes – nicht ausschließlich diese – den inneren Zusammenhang des Gedichtes konstituiert und immer wieder erfahrbar macht, tritt beim Gedicht von Rang etwas Neues in die Welt. Es entspringt dem historischen Moment und wird selbst, einmal entstanden, ein wirklicher, bestehender, geschichtlicher Zusammenhang, der zu immer erneuter Begegnung auffordert. Wie bei jedem gewachsen-geschichtlichen Phänomen wird seine Wirklichkeit mit der grammatischen oder »logischen« Frage nicht eigentlich getroffen, geschweige denn erschöpft. Aber das richtig gefragte Gedicht antwortet. Nur auf dem Grunde eines romantischen poetischen Gefühls kann die These entspringen, in der lyrischen Dichtung bestehe keinerlei Abstand. Bei Brentano, gewiß, läßt der Zauber alle Grenzen fallen; aber Eichendorff sucht sie wieder zu setzen und Goethe wie Keller sind ohne einen gewissen Abstand nicht zu denken. Oder genauer: sie machen die flüchtige Erfahrung abstandsloser Innigkeit aussprechlich, indem sie trotz aller Nähe das Gefühl einschränken und Distanz – eben jene zur Verständigung notwendige – herstellen. Das liegt schon im Begriff des Sprechens, den Hölderlin für den Dichter so feierlich mit dem Worte *nennen* bezeichnet. Nur wenn zwischen dem Sprechenden und dem, was er nennen will, einiger Abstand ist, weil es ein anderes bleibt als wir selbst, kann auf die Dauer Raum für ein Wort sein. In den Augenblicken höchsten Schmerzes oder höchster Liebe, wenn kein Bewußtsein mehr ist, und in der mystischen Erfahrung wird sich die Sprache entziehen. Überall sonst, wo der Mensch nach Worten sucht, ist schon durch das bloße Sprechen Distanz gesetzt. Die Kunst Goethes besteht nicht zuletzt in dem künstlerischen Bewußtsein, wieviel Abstand zwischen Mensch und Welt notwendig, wieviel Nähe möglich sei, damit der Mensch als Person sprechen und die Welt als Welt erkennbar bleiben kann.

Nun hieße es Emil Staiger mißverstehen, wenn man aus seinem Grundbegriff des Lyrischen folgern wollte, dies alles sei ihm nicht deutlich. Dagegen sprechen schon die Unterscheidungen, welche er in der »Zeit als Einbildungskraft des Dichters«[26] zwischen Keller, Goethe und Brentano getroffen hat. Dennoch bleiben die Akzente ungleich gesetzt, die Emanzipation des Gefühls wirkt weiter in der Vorherrschaft der als Musik verstandenen Sprache, und die Grenzenlosigkeit des »Ineinander« läßt übersehen, daß Lyrik auch einen objektiven, vorzüglich im Bilde erscheinenden Charakter hat. Kommerell, indem er über das Werden des Gedichts nachdenkt, ruft aus: »Immer ein Begegnen! Die Seele erkennt sich wieder in etwas außer ihr,«[27] und wenn dieses Äußere auch nur Vorwand zu sprechen ist, so bliebe die Seele doch ohne es sprachlos. Löst es sich auf, so wird sie wieder sprachlos werden.

In diesem Zusammenhang erweisen sich, bei der Kargheit der ästhetischen Bemühungen in Deutschland, die Gedanken Vischers als förderlich, sobald sie nicht dem systematischen Entwurf, sondern der Betrachtung der poetischen Wirklichkeit entspringen, wie es in seinen von der Lyrik handelnden Paragraphen der Fall ist. Schon die Grundbestimmung, daß das Objektive als inneres Leben des lyrischen Subjekts *erscheine*,[28] läßt dem Gegenstande sein Recht und zeigt doch die Innigkeit der Beziehung zwischen Seele und Welt. Diese Beziehung ist

ein stets sich vollziehender, stets sich zurücknehmender Übertritt auf andern Boden, ein Schweben zwischen dem unbewußten Sichselbstvernehmen und dem bewußten Vernehmen der Dinge, ein Nebel mit lichten Durchblicken. Das Gemüt geht nur aus sich heraus, um in sich zu bleiben; es kann seinen Zustand nur aussprechen an Anderem ...[29]

Dabei ist die Unendlichkeit des Gemütes so wenig übersehen wie die Begrenztheit des Gegenstandes.

Der lyrische Dichter sagt, was sich dem Worte, indem es darein gefaßt wird, entzieht, er sagt es daher so, daß er im Sagen verstummt ...
... soll endlich der innere Zustand direkt ausgesprochen werden, da hat das unsagbare Gefühl nur ein Mittel, es holt ein Bild ...[30]

Vischer erkennt, wie im dunklen Zusammenfühlen von Inhalt und Bild das Angeschaute zum Spiegel wird, um dem in seiner Unaussprechlichkeit hilflosen Gefühl zum Ausdruck zu verhelfen, der niemals totaler Ausdruck sein kann.

Das Objektive ... genügt also nicht und eben das ist die rechte Lyrik, die dies nicht Genügen, dies Wortlose in Worte ausspricht, aber es ist doch der einzige Körper, an welchem der elektrische Funke des Gefühls hinläuft und aufsprüht. [31]

Und die berühmte Wendung Vischers, daß die lyrische Poesie ein »punktuelles Zünden der Welt im Subjekte« sei, erweist die Geschichtlichkeit lyrischen Daseins. Es ist jeweils so, daß »wesentlich dieses Subjekt ... in dieser Situation von einem Punkt aus der Totalität der Welt berührt wird ...« Keine Erscheinung des menschlichen Daseins kann außerhalb der Geschichte bestehen und die innigste gewiß nicht. Insofern aber jedes Lied ein lebendig-wahrnehmbares, immer neu erstellendes Wesen hat, tritt es selbst als wirksam in den Raum der Geschichte ein. Mag es bloßer Schein sein, es wirkt dennoch:

... die lyrische Poesie hat nicht sowohl bestimmten Körper als bestimmten Duft. Man vernimmt in ihr die Persönlichkeit und ihre Art, die Gefühlsweise ganzer Nationen, vereinigt mit der bestimmten Natur der Gegenstände. [32]

So wird es fraglich, ob der lyrische Dichter kein Schicksal habe. Die Poesie selbst hat es gewiß, und das Verhältnis zum Gegenstande, wie es sich im grenzenlosen poetischen Gefühl Brentanos übermächtig verwirklichte, ist für die Gefühlswelt der deutschen Nation bedeutsam geworden. Am lyrischen Bilde zeigt sich, daß die Rede von *innen* und *außen* nicht allein »der Guckkastenvorstellung vom Wesen des Menschen« entspringt; und Staigers Hauptsatz »der Dichter erinnert die Natur; wie: die Natur erinnert den Dichter«[33] hat bei aller Innigkeit lyrischer Poesie eine von Goethe formulierte Voraussetzung:

sobald der Mensch die Gegenstände, um sich her gewahr wird, betrachtet er sie in bezug auf sich selbst, und mit Recht. Denn es hängt sein ganzes

Schicksal davon ab, ob sie ihn anziehen oder abstoßen, ob sie ihm nützen oder schaden. [34]

Es hängt auch sein Schicksal davon ab, ob sie ihm zur Sprache verhelfen; und dazu – ein schweres menschliches Geschick – wird immer wieder ein Abstand nötig sein.

So gewinnt in unserem Zusammenhang neue Tiefe, was Joseph von Eichendorff über Brentano schrieb:

Seine Lieder endlich haben Klänge, die von keiner Kunst der Welt erfunden werden, sondern überall nur aus der Tiefe einer reinen Seele kommen;

aber er sagt auch:

Wir jedoch in unserer Sprache möchten diese verlockende Naturmusik, diesen Veitstanz des freiheitstrunkenen Subjekts, kurzweg das Dämonische nennen ... [35]

In der schönen Gestalt, ewige Mächte
Eduard Mörike

Mörikes Gedichte erscheinen in ihren vollkommensten Hervorbringungen oft so einfach wie das griechische Verslein von Rosen, Veilchen und Eppich. Sie bewegen das Gemüt, aber ihre Wirkungsweise ist schwer greifbar; oft ist »nur« von Gesehenem die Rede, aber so, daß es unvergeßlich wird:

Auf ein altes Bild

In grüner Landschaft Sommerflor,
Bei kühlem Wasser, Schilf und Rohr,
Schau, wie das Knäblein Sündelos
Frei spielet auf der Jungfrau Schoß!
Und dort im Walde wonnesam,
Ach, grünet schon des Kreuzes Stamm! [1]

Hier wird nicht Natur unmittelbar erlebt, sondern ein Bild. Was der Maler gemalt, gibt das Gedicht zu wiederholen vor. In sechs Zeilen entwirft es eine Landschaft, nicht mit Details, sondern mit wenigen Worten: Sommerflor, Wasser, Schilf, Rohr, Wald. Es verfährt dabei noch sparsamer, als es etwa Rogier van der Weyden oder ein anderer Künstler seiner Art getan hätte, dem nicht die zarten Bäume, das Gewässer und vielleicht die ferne Stadt des Hintergrundes bedeutend waren, sondern die Mutter Gottes und das Kind. Was gemalt in Einzelheiten erscheinen muß, wird im Vers abgekürzt. Wald und kühles Wasser (dessen Nähe wohltut in der Sommerwärme) werden genannt und das nomen genügt, um die teilnehmende Imagination in Bewegung zu setzen. Wie der Maler, wissen Dichter und Hörer mehr, als aus der geschilderten Situation hervorgeht. Was die Jungfrau ahnen mag, ist ihnen gewiß: das unschuldige Kind geht dem Kreuz entgegen, dessen Stamm in der wonnesamen Landschaft wächst. Die friedvolle Natur birgt schon das Werkzeug der Marter.

So kann niemand das Bild der Unschuld und des Spieles ohne Rührung sehen, und auch der Dichter tritt aus der Zurückhaltung bloßer Betrachtung heraus, mit seinem hinweisenden *Schau* und dem *Ach*. Vollkommen wiederholt er seine Empfindung vor dem Bilde und macht sie in vollkommener Weise mittelbar.

Dies ist alles. Mehr kann man scheinbar zu dem einfachen Ganzen nicht sagen und repetiert es nur in schlechter Umschreibung nach der Art so vieler Interpretationen, die nichts als vergröbernde Wiederholung sind. Ist es alles?

> *Gar zu klein fänd' ich es schon, wenn diese Kreaturen, die sich Gebilde nennen, überhaupt einem fremden Gedanken dabei Raum geben und über das Poetische der schlichten Fabel hinausgehen konnten,* [2]

sagt der Schauspieler Larkens im »Maler Nolten«, als in den »Letzten König von Orplid« hineingeheimnißt wird, was nicht darin ist. Und Mörike läßt seinen auf der Reise nach Prag begriffenen Mozart den Gesang der schönen Eugenie dergestalt loben:

> *Was soll man sagen, liebes Kind, hier, wo es ist wie mit der lieben Sonne, die sich am besten selber lobt, indem es gleich jedermann wohl in ihr wird! Bei solchem Gesang ist der Seele zumut wie dem Kindchen im Bad: es lacht und wundert sich und weiß sich in der Welt nichts Besseres.* [3]

Aber so geht es auch dem bewegten Hörer, und er möchte wissen, woher denn die reine Wirkung eines so einfachen Gebildes rühre, worin das »Poetische der schlichten Fabel« gegründet ist. Man trifft es bei Mörike auf Schritt und Tritt:

September-Morgen

> *Im Nebel ruhet noch die Welt,*
> *Noch träumen Wald und Wiesen:*
> *Bald siehst du, wenn der Schleier fällt,*
> *Den blauen Himmel unverstellt,*
> *Herbstkräftig die gedämpfte Welt*
> *In warmem Golde fließen.* [4]

Hier ist die Natur in einem bestimmten Augenblick gesehen, wenn im frühen Herbst die Sonne mit dem Nebel kämpft, so wie Goethe es in »Früh, wenn Thal, Gebirg und Garten ...« gezeigt hat. Mörike zeigt weniger, nicht den ganzen Tag, nur seine erste Stunde, eine Gegenwart voller Erwartung. Sie ist eingespannt zwischen das *Noch* und das *Bald,* umfaßt, was gleich gewesen sein wird und was bald bevorsteht. Es ist eine ähnliche Spannung wie die auf dem alten Bild geschilderte – man sieht das Knäblein in freiem Spiel, *Schau,* aber *schon* wächst das Kreuz des höchsten Ernstes. Diese zeitliche Tendenz der Gedichte wird nicht allein durch die adverbielle Bestimmung hergestellt, sondern durch eine viel bezeichnendere, zur Form gehörige Weise. Im »September-Morgen« gibt es nur zwei Reime für sechs Zeilen, denjenigen auf *Welt* und den auf *Wiesen.* Aber dieser letzte muß warten – und damit wartet der Hörer – bis er sich lösen kann. Erst am Ende kehrt er wieder und hebt die Spannung auf; auf diese Weise stehen die beiden ersten Zeilen den letzten beiden gegenüber:

Im Nebel ruhet noch die Welt,
Noch träumen Wald und Wiesen ...
Herbstkräftig die gedämpfte Welt
In warmem Golde fließen.

Es ist die gleiche *Welt,* aber aus ihrer Ruhe ist fließende Bewegung geworden, aus stillem Traum und Nebelfarbe Herbsteskraft und goldene Wärme. Um diesen Augenblick, da die Bewegung und Erhellung eintritt, geht es, um ihn spielt gleichsam die Waage des Gedichtes. Die Freude, die es erregt, beruht nicht zuletzt im Eintritt des Erwarteten und darin, daß wir es mit unseren Sinnen so notwendig hervorgehen sehen und erkennen, als wäre es wirklich. Die Erkenntnis beruht nicht auf der bloßen Mitteilung, welche auch prosaisch möglich wäre, sondern wird uns mit poetischen Mitteln zugemittelt, wird von uns auf ästhetische Weise – und damit wird es gleich jedermann wohl – wahrgenommen.

Ein Gedicht wird über eine Weile gesprochen und nicht wie ein Bild simultan bemerkt. Die Worte folgen aufeinander, ihre Beziehung ist nicht nur in Sinn und Syntax gegründet, sondern im Spiel der poetischen Formen. Um die Perspektive wahrzunehmen, um die schönen Verhältnisse zu gewahren, erhält der Hörer Hilfen, die zu erkennen erfreut. Wenn das Wort *Welt* zum zweiten Male fällt, erinnert er sich des ersten; eine Beziehung stellt sich her, die hinströmenden Verse erhalten Gestalt. Der Wandel der *Welt* tritt gerade in der Wiederholung hervor, die Bewegung durch die Widerspiegelung, welche der Reim bewirkt – *Wiesen* und *fließen.* Nicht anders ist es in »Auf ein altes Bild«. Auch hier wird eine dem Gedicht einwohnende sinnvolle Beziehung durch ein sinnfälliges Zeichen hergestellt. Der Ton, den die erste Zeile anschlägt, wird von der letzten verwandelt zurückgegeben:

In grüner Landschaft Sommerflor ...
Ach, grünet schon des Kreuzes Stamm!

Es ist nicht durchaus nötig, daß das Bewußtsein solche Entsprechungen erkennt. Sie haben – bei Mörike noch – realen Wert. Sie wirken aber schon als sinnliche Farbe und Wirklichkeit, ihre Wiederkehr und Abwandlung wird als eine Wiederkehr und Abwandlung in der Musik empfunden und kann ein gleiches Gefallen hervorrufen. Ihre Kraft wird erst eigentlich dadurch entfaltet, daß sie nicht nur Realität enthalten, sondern Struktur bewirken. Damit tritt das Reale in den Bereich der Kunst über, das Bild ist poetisch und erlangt Zeichenkraft. Ihm diese zu verleihen, muß vieles zusammenspielen. Der Reim allein macht's freilich nicht und die bloße Wiederholung, so groß ihr Reiz sein kann, auch nicht. Ihre Funktion, der Impuls, welchen sie dem Empfinden und Erkennen gibt, vermöchte auch durch Kontrast oder unerwartet Neues hervorgerufen zu werden. Es ist vielmehr das Ganze der sich im Verlaufe des Gedichts verwirklichenden Entsprechungen und Verhältnisse; ihre Relation zu der Weise, mit welcher der Gehalt, der bedeutende inhaltliche Verlauf dem Verlauf des gesprochenen, sinnlich gehörten Wortes in der Zeit und den von ihm hervorgerufenen Imaginationen entspricht. Diese Gedichte sind nie statisch, wiewohl ihre Bewegung in höchstem Maße nach Gleichgewicht strebt. Selbst das stille Bild des »Knäblein Sündelos« steht in einer Bewegung: aus der Gegenwart und dem Vordergrund weist uns das *dort* in den Grund des Gedichts und die Zukunft –

Und dort, im Walde wonnesam,
Ach, grünet schon des Kreuzes Stamm.

Der Verlauf der Verse deutet auf den eben begonnenen Lebenslauf. Die schöne Leichtigkeit der Worte ist alles andere als zufällig, ein jedes hat seinen besonderen Wert an seiner Stelle und durch seine Stelle. Mörike weiß sie den Sinnen unvergeßlich zu machen: wie scheint das Blau des Himmels durch den zerreißenden Dunstschleier, wie steht das warme Gold gegen die feuchten Nebel der Wiesen, wie kühl das Wasser im grünen Flor; welches sparsam-eindringliche Spiel der Farben, welche Musik der Laute! Ein Reichtum (so scheint es) von Eindrücken, Bildern und Zeichen entfaltet sich auf seinen Wink und ordnet sich nach dem lebensvollen Gesetz seiner Poesie, das auch in den verschiedensten Hervorbringungen sich ähnlich bleibt:

Früh im Wagen

Es graut vom Morgenreif
In Dämmerung das Feld,
Da schon ein blasser Streif
Den fernen Ost erhellt;

Man sieht im Lichte bald
Den Morgenstern vergehn,
Und doch am Fichtenwald
Den vollen Mond noch stehn:

So ist mein scheuer Blick,
Den schon die Ferne drängt,
Noch in das Schmerzensglück.
Der Abschiedsnacht versenkt.

Dein blaues Auge steht,
Ein dunkler See, vor mir,
Dein Kuß, dein Hauch umweht,
Dein Flüstern mich noch hier.

An deinem Hals begräbt
Sich weinend mein Gesicht,

Und Purpurschwärze webt
Mir vor dem Auge dicht.

Die Sonne kommt; – sie scheucht
Den Traum hinweg im Nu,
Und von den Bergen streicht
Ein Schauer auf mich zu. [5]

Der Augenblick des Abschieds steht auf der Waage zwischen *noch* und *schon*; das sechsstrophige Gedicht hat eine merkwürdige Ähnlichkeit im Aufbau mit dem sechszeiligen, die – sucht man nicht zu viele Parallelen – zu betrachten wert ist. Die beiden ersten Strophen geben, wie die beiden ersten Zeilen, ein Bild der Natur. Dort ist von Nebel, Wald und Wiesen die Rede, hier von Morgenreif und Dämmerung, vom Fichtenwald. Über ihm schweben, unsäglich schön, Mond und Morgenstern im Angesicht des herankommenden Tages. Mit überaus einfachen Mitteln wird in beiden Fällen eine Landschaft vor unsern Sinn gerufen. Aber während die eine noch ruht und noch träumt, um *bald* im Tageslicht zu liegen, ist dieses im andern *schon* gegenwärtig und kann dennoch seine Herrschaft nicht allein üben. Der Fortschritt zum »September-Morgen« ist unverstellt und froh, während »Früh im Wagen« die Abschiedsnacht hält und die Ferne drängt: die Waage der Zeit schwankt hin und wieder, und das Gewicht des Zurückliegenden ist groß.

Die Verschiedenheit der Bewegung beider Gedichte bei gleichem Aufbau wird in der Mittelgruppe ganz fühlbar. Die zwei Zeilen, die Dichter und Hörer im *du* einbeziehen, sind voll Zutrauen, daß der *blaue Himmel* erscheinen will. Die zwei mittleren Strophen wenden sich zurück; auch in ihnen tritt der Dichter hervor, von sich redend. Aber es geschieht in einer Weise, wie sie im Naturgedicht Goethes kaum vorkommt, darin das Individuum durch das Bild selber sich ausspricht; noch weniger wäre sie bei Brentano denkbar, wo die Dinge – ganz ähnliche einfache Dinge wie hier – ungeschieden von der Seele deren Gefühl innig erregen. Mörike dagegen spricht einen Vergleich aus. So, wie Tageslicht und Mond zugleich zu sehen sind, so ist das Künftige und das Erlebte zugleich im Blick des Dichters. Die Metapher schafft Distanz, der eigene Zustand tritt erst recht hervor. Aber das ist nicht ohne weiteres bemerkbar, weil diese Distanz sogleich wieder überflutet wird von neu hinzukommenden, die Sinne bewegenden Impulsen, welche wiederum im langen Gedicht dem kurzen entsprechen. Am Anfang steht die Landschaft und stimmt die Seele, dann freut sich das vorwärts gerichtete Gefühl der fallenden »Schleier«, der Unendlichkeit im »blauen Himmel«. Das Zurückgelenkte dagegen erlebt das »Schmerzensglück« noch einmal, auch es unendlich, aber von unendlicher Nähe. Sie wird durch nicht unverwandte sinnliche Zeichen vermittelt: »blaues Auge ... ein dunkler See«. Diese Zeichen versteht unser Gemüt und reproduziert sie in sich, nicht nur als erlebte Wirklichkeit, wie sie in der warmen »Purpurschwärze« des geschlossenen, am Busen geborgenen Auges enthalten ist. Es gebraucht sie zugleich als erregende Momente im Gefühls-Verlauf und erkennt an ihnen den zeitlichen Ablauf der Verse. Dabei vermögen ähnliche Realität, ähnliche Zeichen je nach den »Vorzeichen« ganz anderes zu vermitteln. Der voraufsehende Sinn erfährt den Sieg der Sonne glücklich: »In warmem Golde« fließt die Welt. Der noch der Nacht Verhaftete wird durch der Sonne Hervortritt gewaltsam der nur mehr erträumten Wärme entrissen:

Die Sonne kommt; – sie scheucht
Den Traum hinweg im Nu ...

Ihr unaufhaltsamer Hervorgang stellt die Ordnung der Zeit wieder her. Die Seele erwacht und fühlt die kühlen Schauer des ungewissen Tages.

So verschieden also Umfang und Gegenstand der Gedichte sind, so vergleichbar scheint ihre Struktur und Wirkungsweise. Sie enthalten eine fortlaufende, im zweiten Fall retardierte Bewegung. Sie geben dem Hörer ein Bild, das seine Seele gefangen nimmt und einstimmt. Das so erregte, teilnehmende Gefühl enthält neue Impulse, welche ihm die Richtung geben, die das Gedicht nimmt und die des Dichters ist. Es sind bei Mörikes großen Gedichten durchgängig die einfachsten Bilder, die als evozierende, unsere Teilnehmung aufrufende Chiffren funktionieren. Sie sind anschauliche Wirklichkeit und Chiffre zugleich, ihre Zahl, wie sich noch erweisen wird, ist gering. Man soll sie ja nicht mit Brentanos »abstraktem« Figurenspiel verwechseln, gewiß nicht mit Trakls kaleidoskopischen Figurationen. Aber sie kommen der Verabsolutierung schöner Reize doch so nahe, als die Bewahrung offenbaren Sinnzusammenhangs erlauben will. Sie machen den Gefühlsraum des dichterischen Individualgefühls reproduzierbar; aber ihr Spiel ist auch an sich schön, wenn Welt- und Landschaftselemente, gar wenige nomina, häufig die gleichen, sowie Farben einander in wunderbar abgemessener Bewegung folgen. Es macht Mörikes Größe nicht zuletzt aus, wie seine wenigen Zeichen Gefühl und Vorstellung des Hörers immer neu, immer anders unterhalten, so, daß eine vollständige Welt aus ihnen hervorgeht. Sie ist vollständig gerade durch ihre Beschränkung.

Ist man einmal auf diesen Sachverhalt aufmerksam geworden, so erstaunt man ob der stetigen Wiederkehr gleicher Zeichen und bewundert ihr immer erneuertes Leben. *Licht, Sonne, Tag, Nacht, Mond, Stern, Traum, Morgen, Himmel, Gold, Grün, Blau, Quelle* und *Fluß, Jungfrau* und *Braut, Mutter* und *Schoß, Töne, Seele, Herz* – das etwa sind die häufigsten und wichtigsten. Es wäre kindisch, sie in allen Gedichten zu erwarten, einen vollständigen Katalog herstellen zu wollen oder gar zu meinen, mit ihnen sei der Wortschatz erschöpft. Aber diese lyrischen Urworte bilden seinen dauernd hervorleuchtenden Kern, und sie sind nicht nur Worte, sondern auch die ersten Elemente unserer Lebenswelt, der Wirklichkeit und dem Traum, der Gegenwart und ältester Erinnerung gleichermaßen zugehörig. Mörike gebraucht sie auch in Gedichten, deren Ton ganz anderer Art ist als der bisher betrachteten. Sie finden sich in Zeugnissen, welche Jahrzehnte auseinanderliegen und im Inhalt nichts miteinander gemein haben. Die Verlockung ist groß, sie auf den wirksamen Kern ihrer Chiffren zu reduzieren, gleichsam künstlich auf das aufmerksam zu machen, was einigen von Hölderlins schönsten Fragmenten zu eigen ist: die Suggestionskraft des bloßen Namens. Damit könnte man sich den einfachen Formen der Bilderwelt nähern:

»Wo mir die Rosen, wo mir die Veilchen, wo mir der schöne Eppich?«

Die Faszination, die das Tanzliedchen übt, ist gleicher Natur wie die von Hölderlins fragmentarischen späten Versen bewirkte:

Narcyssen Ranunklen und
Siringen aus Persien

Blumen Nelken, gezogen perlenfarb
Und schwarz und Hyacinthen
Wie wenn es riechet, statt Musik ...[6]

Hier wird so wenig wie in dem griechischen Fragment ein bestimmter Sinnzusammenhang mitgeteilt, vielmehr folgen Namen aufeinander, die schön klingen. Sie sind zunächst ein wenig fremd, und die Fremde trägt zum Reiz bei. »Syringa persica« ist bloß eine botanische Bezeichnung; »Siringen aus Persien« lenken die Sehnsucht in unbekannte Fernen, die sich mit den vagen Imaginationen unseres Gemüts erfüllen lassen. Eben diese Imaginationen und Gefühle wollen die Namen hervorrufen; ihrer Kette fügt sich jedesmal ein neues Glied ein, wenn das Gefühl einen neuen Anstoß erwartet und erhält. Soweit die Worte nicht bloße nomina sind, zielen sie auf sinnliche Eindrücke: »perlenfarb Und schwarz ...« Und um die Innigkeit der Eindrücke noch zu bekräftigen, wird die Anschauung dem Dufte verglichen, der schön und unmittelbar wie Musik ist. Solche Poesie wendet sich, wie Brentanos gesamte Muse, an vorbegriffliche, sinnenverknüpfte, eigentlich undifferenzierte Wahrnehmungsbereiche, in denen Fühlen und Vorstellen einen die Seele ergreifenden Vorgang bewirken.

Die Anwesenheit und Wirksamkeit solcher Elemente in Mörikes Gedichten ist leicht zu erweisen, und der Leser vermöge die damit verbundene Barbarei verzeihen. Im »September-Morgen« folgen sie derart aufeinander: *Nebel ruhet – Wald – Wiesen – Schleier – blauer Himmel – Golde fließen.*

Man darf diese Kette nicht zu schnell überfliegen, verweilt man bei ihr, so bemerkt man eine ähnliche Wirkung wie in »Auf ein altes Bild«: *grüner Landschaft – Wasser, Schilf und Rohr – Jungfrau Schoß – Walde – grünet.*

Nun könnte man einwenden, solche Vorstellungsketten – zumeist aus Naturdingen bestehend – gehörten natürlich zu Gedichten, welche einen (im engeren Sinne) lyrischen Ton haben, der vornehmlich auf Gefühl zielt. Das wird nur bestätigt, wenn man sich noch einmal an »Früh im Wagen« erinnert: *Morgenreif – Dämmerung – Morgenstern – Fichtenwald – Mond – Ferne – Abschiedsnacht – blaues Auge – dunkler See – Purpurschwärze – Sonne – Traum hinweg.*

Aber auch ein strenges Sonnett wie »An die Geliebte«,[7] welches nicht nur Moment und Gefühl reproduzieren, vielmehr die Einheit irdischer Liebe und ewiger Ordnung wieder erfahrbar machen will, hat ähnliche Elemente: *Engel – Mund – Traum – Ferne – Quellen – Himmel – Sterne – Lichtgesang.*

»Peregrina II«,[8] in freien Rhythmen und keineswegs von einem vorwiegend »lyrischen« sondern erzählendem Charakter, kurz, völlig anderer Art, wird ihnen doch durch folgende Eindrücke nahegerückt: *Lichterhell – Sommernacht – Grünumranket – Braut – Fakkeln – Schwarz – Rosen brannten – Mondstrahl – Lilien – schwarzem Haar – Herz – Spriegquell – Haupt – Schoß – Frührot.*

Fast zwei Jahrzehnte später schrieb Mörike die Verse »Auf eine Christblume«,[9] die er auf dem Kirchhof gefunden. Ihnen fehlt ganz die Unmittelbarkeit lyrischer Naturanschauung; sie nehmen die liebliche Blume fast als Allegorie, jedenfalls zum Anlaß der Reflektion. Die Distanz zwischen dem Dichter und seinem Gegenstand, mag er auch sehr bewegt von dessen Schönheit sein, ist groß, der Gehalt christlich. Ihr lieblich empfundenes Äußere tritt hervor, um die Erinnerung an des Heilands Leiden zu wecken; sie ist eine Blume, vor deren mystischen Glorie die Mächte der Natur scheuen. Aber wieder finden wir folgende Elemente: *Wald – Lilie – Jüngling – Schneelicht – kristallener Teich – Mond – Sonne – Blume – Busens goldene Fülle – Engel – Mutter – Purpurtropfen – Lichtgrün – weißes Kleid – mitternächtig – lichterhell.*

Genug dieser Kataloge; was sagen sie? Wenn man etwa ein Dutzend der berühmtesten Gedichte Mörikes auf solche einfachen Bild-Elemente hin betrachtet – und man könnte diese Betrachtung sehr erweitern –, so konzentrieren sie sich um bestimmte Vorstellungsbereiche und Haupt-Worte, deren manche durch verwandte oder synonyme Wörter abgewandelt werden. [1] Sie machen quantitativ gewiß nicht den Körper des Gedichtes aus, aber sie bestimmen den

[1] Die Grundlage des folgenden bilden die Gedichte: »Peregrina II«, »Gesang zu Zweien in der Nacht«, »Nachts«, »September-Morgen«, »Um Mitternacht«, »In der Frühe«, »Mein Fluß«, »Das verlassene Mägdlein«, »An die Geliebte«, »Auf ein altes Bild«, »Auf eine Christblume«, »Früh im Wagen«. – Sie sind im Zeitraum von zwanzig Jahren entstanden.

Ablauf seiner Impulse, welche trotz der Übersehbarkeit dieser Elemente ganz verschieden sein können – das bleibt noch zu sehen. Sie entstammen vor allem dem Bereich der einfachen Natur: der Himmel, die Gestirne und die von ihnen angezeigten Tagzeiten – *Himmel – Licht – Sonne – Tag – Nacht – Mond – Stern.*

Mehr als zehnmal erscheint, rein oder in einer Zusammensetzung, *Nacht* in unserem Dutzend von Gedichten; achtmal *Licht* und *Sonne* ; sechsmal *Mond* und *Stern.* Diese Figuren verbinden nachdrücklich den Inhalt der Poesie mit der vergehenden Zeit. Sie enthalten das einfachste und am frühesten begriffene Maß: den Wechsel zwischen hell und dunkel. Sie werden mit den Sinnen wahrgenommen, erfahren und empfunden und bewegen sich doch nach einem Gesetz, welches über alles Begreifen geht. Sie ermöglichen ganze Komplexe von Assoziationen, deren Bestimmungsweise uns noch beschäftigen wird. Den Sinnen sogleich und vollkommen zugänglich sind die Farben. Siebenmal treffen wir *Gold,* sechsmal *blau* an, jedesmal einen farbig strahlenden Punkt setzend, dem innern Auge im sinnfälligen Gewebe einen Halt gebend. Sie sind häufig verbunden mit den gewachsenen Erscheinungen der Natur, mit *Fluß (Quelle) – Wald – Feld.*

Sechsmal finden wir das fließende Wasser, die übrigen Erscheinungen nicht ganz so oft. Sie alle wirken auf den Menschen, Dichter wie Hörer, und die Bereiche ihrer Wirkung werden durch Worte wie *Herz, Seele, Traum* umschrieben. Schließlich gehört in eine Übersicht noch eine Gruppe, in der das Weibliche in seinen beiden ursprünglichen Verwirklichungen benannt wird: sechsmal finden wir *Mutter (Schoß*), viermal *Jungfrau (Kranz*).

Solche Feststellungen dienen keineswegs statistischen Erhebungen; sie wären – allerdings nicht unbegrenzt – zu erweitern und würden doch die eine Tatsache nicht abändern, daß wir bei Mörike eine kleine Anzahl immer wiederkehrender Chiffren, Haupt-Worte, Bild-Elemente vorfinden. Es ist vielleicht nicht wichtig, wie man diese Bausteine von Welterfahrung, Empfindung und Poesie bezeichnet, sie sind da und wirken. Aber wie? Von Natur sind sie allgemein und umfassend. Bloß für sich gesetzt haben sie den Wert von Abstraktionen, wie sie von Brentano zuerst, später und absoluter von Trakl gebraucht werden. Aber es sind hier Abstraktionen, welche die Ergänzung durch das Individualgefühl, durch die geschichtliche Erfahrung fordern; die Vorstellung solchen konkreten Zusammenhangs wird von Mörike nicht dem Hörer allein überlassen. Der immer wiederkehrenden Chiffren sind wenige, sie bilden das Elementargerüst; der Zusammenhänge gibt es sehr viele. Anders gesagt: die »moderne« Tendenz zur Abstraktion, zur Strukturierung des Gedichts durch Chiffren, zum Spiel mit Zeichen, ist bei Mörike durchaus vorhanden. Aber er beschränkt sie – im Unterschied zu Brentano – und hält seine Chiffren im sinnvollen Raum, der so viel eigenen Zusammenhang hat, daß die Wiederkehr der Elemente dem Bewußtsein oft, dem sinnlichen Ohr aber kaum entgeht. Er hat die Figuren, deren sich der »Meister eines unendlichen Spiels«[10] bedient, aber er setzt dem Spiel Grenzen. Nur um des Spieles willen oder nur, weil Spiel schön ist, wird nicht gespielt. Sondern »Weil er die Anmut liebet und das heil'ge Maß ...«[11] oder, wie es vom Hörer der Lieder heißt, er »Fühlt, in des schönen Gestalt, ewige Mächte sich nah'.«[12]

Es geht um reine Anschauung und Fühlbarmachung des fromm empfundenen Weltwesens in dieser Kunst.

Ist sie denn was anders als ein Versuch, das zu ersetzen, zu ergänzen, was uns die Wirklichkeit versagt, zum wenigsten dasjenige doppelt und gereinigt zu genießen, was jene in der Tat gewährt? [13]

Die zweite Hälfte dieser Frage gibt den Grund auch für das Spiel, für die Wiederholung der Wirklichkeitselemente. Auch hier ist der immer erneute Versuch, sie in allen ihren Beziehungen und Erscheinungen zu vergegenwärtigen, gleichsam das Reale gereinigt zu begreifen, dort, wo es über sich auf das Dauernde weist; es bringt Genuß.

So kommt es denn, daß eine einzelne Chiffre auf sehr unterschiedliche Weise gebraucht wird, obwohl das Gedicht ohne ihre allgemeine, elementare Wirkung nicht denkbar ist. Betrachtet man die Stellen, in denen das Wort *Nacht* in unserm Dutzend von Gedichten vorkommt, so lassen sich einige Hauptweisen des Gebrauchs erkennen, die jeweils andere Daseinsschichten erschließen. Da ist zunächst die »vordergründige«, einfache Meinung des Wortes, wenn es den Zeitraum bezeichnet, da es nicht Tag ist:

Daß ich die Nacht von dir Geträumet habe [14]
Sitz' ich nächtlich in dem Reisewagen [15]
Gesang zu Zweien in der Nacht [16]

Aber schon hier wird etwas Merkwürdiges sichtbar, zunächst als Binsenwahrheit erscheinend: es ist nicht gleichgültig, in welchem Context das Wort steht. Die Binsenwahrheit daran ist, daß jede gesprochene Mitteilung auf je nach dem Inhalt wechselnden Kombinationen von Wörtern beruht. Die alltägliche Rede kombiniert in dem sachlichen Bedürfnis, einen erkannten Zusammenhang möglichst genau zu vermitteln, sie spricht von dem, was sie begreift. Die Poesie dagegen will zum Worte bringen, was Worte übersteigt. Ihr geht es um die eigentliche Realität, doppelt und gereinigt – oder ging es darum für lange Zeit. Sie spricht aus einem das Wunderbare noch gewärtigenden Bewußtsein, das die Welt neu und wesentlich erfährt, wie sie vielleicht Kinder erfahren:

Ich kann es mir nicht reizend und rührend genug vorstellen, das stille gedämpfte Licht, worin dem Knaben dann die Welt noch schwebt, wo man geneigt ist, den gewöhnlichen Gegenständen ein fremdes, oft unheimliches Gepräge aufzudrücken und ein Geheimnis damit zu verbinden, nur damit sie der Phantasie etwas bedeuten, wo hinter jedem sichtbaren Dinge, es sei dies, was es wolle – ein Holz, ein Stein oder der Hahn und Knopf auf dem Turme –, ein Unsichtbares, hinter jeder toten Sache ein geistiges Etwas steckt, das sein eignes, in sich verborgnes Leben andächtig abgeschlossen hegt, wo alles Ausdruck, alles Physiognomie annimmt. [17]

Eben dies unternimmt auch der Dichter, »den gewöhnlichsten Gegenständen ein fremdes, oft unheimliches Gepräge aufzudrücken und ein Geheimnis damit zu verbinden, damit sie der Phantasie etwas bedeuten ...« Vertraut ist die einfache, einzelne Chiffre, zu vertraut, tausendfach benutzt, gebraucht und abgebraucht. Der Dichter macht sie neu, indem er ein Fremdes aus ihr macht. Er gibt dem Gewöhnlichen sein eignes, in sich verborgnes Leben zurück, indem er es neu faßt. Der Context ist die Fassung der poetischen Chiffre:

Könnt' ich, o Seele, wie du bist,
Dich in den reinsten Spiegel fassen,

Was all' dir einzig eigen ist,
Als Fremdes dir begegnen lassen! [18]

In der großen Poesie überrascht uns das Vertraute und wird eigentlich erkennbar. Gesang in der Nacht mag ein gewöhnlicher Gegenstand sein, obzwar poetisch wirksam, Volkslied und Romantik kennen ihn wohl. Aber die schlichte Zusammenstellung der Worte »Gesang zu Zweien in der Nacht« hatte wohl noch niemand getroffen, und jedem einzelnen dieser Haupt-Worte geschieht etwas durch diese Kombination. »In der Nacht« wäre nur eine zeitliche Bestimmung; »zu zweien« eine quantitative, die allerdings sogleich die Vorstellung einfachster menschlicher Verbindung erregt. »Zu zweien in der Nacht« würde diese Verbindung intensivieren und den Sinn auf Liebe vor allem andern richten, ja das nächtliche Tun der Liebenden nicht ausschließen. Allein »Gesang zu Zweien in der Nacht« stellt solche Nacht unter ein anderes Vorzeichen: Wohlklang und Ordnung, Gemeinsamkeit treten mit ein, ohne daß all die Unter- und Obertöne des Wortes Nacht verlorengingen, damit sie der Phantasie etwas bedeuten. Zu jeder Kombination bleiben auch die zurücktretenden Schichten einer Chiffre gegenwärtig. Was diese scheinbar nur zeitbestimmende Überschrift, durchaus Teil des Gedichts, andeutet, die Bahn, auf welche sie die Imagination setzt, wird denn auch durch seine erste Zeile bestätigt und verstärkt: »Wie süß der Nachtwind …« Die Zeit erhält Raum, der Raum Duft, die endlose Chiffre Nacht Bestimmung: »O holde Nacht«. [19]

Da wären denn gleich zwei Gebrauchsweisen der Chiffre zu bedenken. Im zusammengesetzten Haupt-Wort tritt sie in die innigste Verbindung mit einem anderen. Dadurch entstehen, gerade bei Mörike, höchst umfassende Abbreviaturen, die wiederum der Phantasie etwas bedeuten. »Abschiedsnacht« [20] ist so ein Wort, Lebenssituation begreifend. »Nachtwind« [21] ein anderes, anderer Art als Tagwind, mit mehr Raum, mehr Dunkel, stärker gefühlt und unendlicher. Mörike geht weit mit solchen Abkürzungen: »Sternenlüfteschwall« [22] oder »Spätherbst-Blumen-Einsamkeit« [23] sind zwei Beispiele, in denen aus der Kombination einzelner Figuren eine neue entsteht, deren Teile sich gegenseitig und damit den Hörer bestimmen; sie entbehren gewiß nicht der Überraschung und nicht des

Fremden. Der Versuch, es zu erkennen, ruft dann die Aneignung des Alten als ein Neues hervor – der Context gibt der Chiffre Leben.

Jedes Versetzen der »alten« Chiffre in einen »neuen« und damit fremden und überraschenden Zusammenhang bewirkt ihre Intensivierung und Belebung. Deren höchste Form ist die Verabsolutierung zur selbständigen, selbstbelebten Wesenheit:

O holde Nacht, du gehst mit leisem Tritt ... [24]
Gelassen stieg die Nacht ans Land ... [25]

Man pflegt solche Bilder als mythisch zu bezeichnen, nicht im Sinne jener romantisch erhofften neuen Mythologie, sondern in einem naiveren. Das Phänomen ist so lebensvoll und gewaltig, so bewegt und überwältigend, aber auch so unbegreiflich und so fremd, daß es Selbständigkeit, ja Personalität erhält. Dabei ist es schließlich gleichgültig, ob diese »geglaubt« oder »erfahren« sei, es genügt, daß sie die Vorstellung erfüllt. Es ist auch nichts damit gesagt, wenn man einwendet, es handle sich schließlich »nur« um eine Metapher:

O holde Nacht, du gehst mit leisem Tritt
Auf schwarzem Samt, der nur am Tage grünet ...

Solche Erwägungen finden auf Ebenen statt, welche derjenigen völlig fernliegen, auf denen sich die Wirkung dieses Verses begibt. Daß die Bewegung der Nacht wie die einer auf Samt schreitenden Frau sei, daß die Wiesen des Tages wie schwarzer Samt bei Nacht seien – all dies sind keine Vergleiche, die bloß das Verstehen erleichtern sollen. Sie dienen vielmehr der Wahrnehmung, so wie alle anderen Configurationen solcher Gedichte – sie stellen ein Bild vor. Sie bilden ein Ganzes, und was in ihm an Vergleich enthalten ist, ist bloßes Verbindungsmittel zum Ganzen, eine andere Weise der Kombination der Elemente *Nacht – Schwarz – Tag – Grün*. Ja, man könnte noch weiter gehen und sagen, daß das »Metaphorische« den Bedingungen einer Poesie besonders entspricht, welche die ursprünglichen Elemente so gegeneinander bewegt, versetzt und spielt, daß sie wieder fremd und neu werden, um der Phantasie etwas zu bedeuten. Die Metapher nämlich konjugiert das Fremde, um es aneinander erkennbar zu machen. Voraussetzung dazu ist schließlich, daß alle Erscheinungen *einem* Leben entspringen, welches ihre Beziehung begründet.

Vielleicht ist hier der Grund für die Tatsache, daß Mörike die Metapher im lyrischen Gedicht wieder aufnimmt, nachdem sie von der Romantik entthront, ja auch in Goethes von einem Bilde lebenden Gedichten vermieden worden war. Es sind stets Metaphern der größten Sinnfälligkeit, fast immer aus den Elementen der einfachen Chiffrenwelt kombiniert und so die absoluten Eigenwerte der einzelnen Figuren in Relation und gegenseitige Bestimmung versetzend, die Realität – im Gegensatz zum reinen Figurenspiel – nie ganz außer acht lassend. Wenn der Dichter die Christblume anspricht

In deines Busens goldner Fülle gründet
Ein Wohlgeruch, der sich nur kaum verkündet ...[26]

so führt das Nachdenken über den Vergleich des Blüteninnern mit dem Busen nirgendhin; diese »Vergleiche« sind nicht dazu bestimmt, wie Gleichungen aufzugehen, vielmehr dienen sie der Verknüpfung. Hier werden *Busen – Fülle – Golden – Wohlgeruch* verbunden. Sie verbinden sich mit den übrigen Elementen dieses Gedichts im Laufe unserer Wahrnehmung und der Bewegung unserer Imagination. Sie stehen im Zusammenklang mit Worten wie *Jungfrau – Mutter – keuscher Leib*; im lieblichen Farbenspiel mit *Schneelicht – Purpurtropfen – lichtgrün ... weißes Kleid*. Die Vergleiche treffen sich im Unendlichen des ganzen Gedichts. Das Wort »wie«, wenn es vorkommt, verknüpft nur und ist im eigentlichen Sinne Konjunktion: »Hinter mir Nachtigallschlag ... Troff wie Honig durch das Gezweig und sprühte wie Feuer Zackige Töne ...«[27] Es ist mit dieser Muse wie mit der des Volkes, von der Mörike schrieb: »Ihr Feld ist das Unmögliche; keck, leichtfertig verknüpft sie Jedes Entfernteste ...«[28]

Nun ist deutlich, daß solche Verknüpfungen des Entferntesten nicht auf Dissonanz, sondern auf Konsonanz zielen, so wie das »fremd« Verbundene schließlich wunderbare Harmonien hervorbringen will und

Den Faden freundlicher Gewalten,
Das Band geheimer Eintracht webt.[29]

Mörikes Gleichnis dafür, alle seine Gedichte durchziehend, ist die Entgegensetzung von *Tag* und *Nacht,* die einander fremd und ausschließend doch erst das vollkommene, harmonische Ganze der Zeit ausmachen:

> *Erd' und Himmel haben Frieden,*
> *Aber ach, sie sind geschieden,*
> *Sind getrennt wie Tag und Nacht.*

Sie sind sich *Fremdling,* aber

> *Wie ein Traum will sie's gemahnen*
> *An ein früh gehegtes Lieben.* [30]

Hier mag die Wurzel liegen der sehr großen Bedeutung, die Waage und Spiegel im Gesamten der Lyrik dieses Dichters haben: die Waage als der Ort, wo das Entgegengesetzte sein Gleichgewicht findet, der Spiegel als die Stelle, wo das Eigene fremd und erkennbar wird. Hier ist weiter die Ursache des Gebrauchs der Worte *Widerspiel* und *stillen.* Deutlicher mag dies und das zuvor Gesagte werden, wenn man ein Gewebe von berühmten Versen betrachtet, welches ursprünglich als Einheit konzipiert, später von Mörike in zwei Gedichte aufgelöst wurde, deren er nur eines der Aufnahme in die Sammlung seiner Gedichte würdigte. Es wird leicht vergessen, daß »Nachts« und »Gesang zu Zweien in der Nacht« aus dem Zwiegespräch hervorgegangen sind, das der alte König von Orplid mit der zauberischen Thereile führt, die ihn liebt. Es lautet in dem phantasmagorischen Zwischenspiel des Nolten so:

> König … *Vielleicht ist alles Trug*
> *Und Einbildung, und ich bin selber Schein.*
> Er sinkt in Nachdenken; blickt dann wieder auf.
> *Horch! auf der Erde feuchtem Bauch gelegen,*
> *Arbeitet schwer die Nacht der Dämmerung entgegen,*
> *Indessen dort, in blauer Luft gezogen,*
> *Die Fäden leicht, kaum hörbar fließen,*
> *Und hin und wieder mit gestähltem Bogen*
> *Der lust'gen Sterne goldne Pfeile schießen.*

THEREILE *noch immer in einiger Entfernung.*
Wie süß der Nachtwind nun die Wiese streift
Und klingend jetzt den jungen Hain durchläuft!
Da noch der freche Tag verstummt,
Hört man der Erdenkräfte flüsterndes Gedränge,
Das aufwärts in die zärtlichen Gesänge
Der reingestimmten Lüfte summt.

KÖNIG *Vernehm' ich doch die wunderbarsten Stimmen*
Vom lauen Wind wollüstig hingeschleift,
Indes mit ungewissem Licht gestreift
Der Himmel selber scheinet hinzuschwimmen.

THEREILE *Wie ein Gewebe zuckt die Luft manchmal,*
Durchsichtiger und heller aufzuwehen,
Dazwischen hört man weiche Töne gehen
Von sel'gen Elfen, die im blauen Saal
Zum Sphärenklang,
Und fleißig mit Gesang,
Silberne Spindeln hin und wieder drehen.

KÖNIG *O holde Nacht, du gehst mit leisem Tritt*
Auf schwarzem Samt, der nur am Tage grünet,
und luftig schwirrender Musik bedienet
sich nun dein Fuß zum leichten Schritt,
Womit du Stund' um Stunde missest,
Dich lieblich in dir selbst vergissest –
Du schwärmst, es schwärmt der Schöpfung Seele mit!

Thereile legt sich auf einen Rasen, das Auge sehnsüchtig nach dem
Könige gerichtet. Er fährt fort, mit sich selbst zu reden.

Im Schoß der Erd', im Hain und auf der Flur,
Wie wühlt es jetzo rings in der Natur
Von nimmersatter Kräfte Gärung!
Und welche Ruhe doch und welch ein Wohlbedacht!
Dadurch in unsrer eignen Brust erwacht
Ein gleiches Widerspiel von Fülle und Entbehrung.

In meiner Brust, die kämpft und ruht,
Welch eine Ebbe, welche Flut! [31]

In den Prosareden und Blankversen des romantischen Puppenspiels steht dieser Wechselgesang wie ein großes Duett auf der Höhe einer Oper. Seine Wirkung ist vollkommen musikalisch, nicht allein durch den unbeschreiblichen Wohlklang, dessen sich hier die deutsche Sprache fähig erweist. Auch der Aufbau des Zwiegesangs ist durch die Musik der Chiffren bestimmt, die verwandelt wiederkehren und Form geben. Der alte König, welcher nicht sterben kann, hat eben noch gesagt:

Will das nicht enden? muß du staunend immer
Aufs neue dich erkennen? mußt dich fragen,
Was leb' ich noch? was bin ich? und was war
Vor dieser Zeit mit mir? [32]

Jetzt findet er sich überwältigt von der Nacht –

Horch! auf der Erde feuchtem Bauch gelegen,
Arbeitet schwer die Nacht der Dämmerung entgegen ...

Ein kühnes Bild ist hier gebraucht und vergegenwärtigt die dumpfen Kräfte, die in der Stille der Nacht wahrnehmbar werden: »... dämonischer Stille, Unergründlicher Ruh' lauschte mein innerer Sinn.«[33] Nicht nur die Nacht müht sich dem Tage zu. Man hört »der Erdenkräfte flüsterndes Gedränge – Im Schoß der Erd', im Hain und auf der Flur, Wie wühlt es jetzo rings in der Natur Von nimmersatter Kräfte Gärung ...« Das Leben selber scheint in Bewegung, unbegreiflich und unaufhaltsam, drangvoll und fruchtbar, wie der »Erde feuchter Bauch«, wie ihr »Schoß«. Die ganze »Fülle« der »Natur« bedrängt den alten Mann, der so gerne ein Ende finden möchte und nun vom Weben der ursprünglichen Kräfte sich umfangen fühlt, die ohne Ende sind. Dies ist gleichsam ein Thema des Gesanges der beiden, und jedesmal wird es durch die Variation der Chiffre »Erde« wieder angeschlagen: in der ersten Strophe des Königs, in der ersten Strophe der Thereile, in der letzten Strophe des Königs. Es könnte im Grunde nicht irdischer und animalischer gesagt sein: »der Erde feuchtem Bauch – der Erdenkräfte flüsterndes Gedränge – im Schoß der Erd'.«

Dies ist nicht das einzige Daseinselement, das in solcher Nacht in Bewegung ist. Alles in diesen Versen ist in Bewegung und voller Widerspiel, so wie sich im Wechsel des Gesanges zwischen Mann und Frau der gleichen nimmersatten Kräfte Gärung Gewalt ausdrückt, von der Erde Namen beschworen. Aber es gibt auch die oberen Gesänge, wie es in der etwas abweichenden Gestalt der beiden Thereile-Strophen heißt, die uns im Briefwechsel von Mörikes lieben Freunden Bauer und Hartlaub am 8. Oktober 1829 als »Abschrift eines Mörikischen Fragments« überliefert ist.[34] Daß die Nacht an beiden Bereichen teilhat, wird schon an der Weise fühlbar, in der ihr Name wiederkehrt: »schwer die Nacht – süß der Nachtwind – O holde Nacht.«

Etwas unbeschreiblich Holdes und Süßes ist zugleich anwesend, ja mit den Augen zu sehen, mit dem Ohre zu hören und im Hauch der Lüfte zu empfinden:

> *... der Erdenkräfte flatterndes Gedränge,*
> *Das aufwärts in die zärtlichen Gesänge*
> *Der reingestimmten Lüfte summt.*

Beide Sphären sind in Beziehung und durchdringen sich: es sind Gesänge in den Höhen, welche »in des Schönen Gestalt, Ewige Mächte« manifestieren.

reingestimmt – Sphärenklang – Wohlbedacht sind die Worte, die sie bezeichnen. Aber sie finden sich durch die Abwandlung sinnfälliger Lieblingschiffren noch eindringlicher vergegenwärtigt. Hier arbeitet schwer die Nacht, »Indessen dort, in blauer Luft gezogen, Die Fäden leicht, kaum hörbar fließen ...« Hier ist Gedränge, dort die »reingestimmten Lüfte ...« Auch sie bewegen sich: »Wie ein Gewebe zuckt die Luft manchmal, Durchsichtiger und heller aufzuwehen ...«

In der Textur des Gedichts verweben sich die Stimmen der Sprechenden; »Erdenkräfte« und »blaue Luft« durchdringen sich. Es ist ein Ziehen, Fließen und Schießen, Streifen und Laufen, Drängen und Summen, Schleifen, Streifen, Schwimmen, Wehen, Gehen und

Drehen, es wühlt und kämpft und ruht – »Welch eine Ebbe, welche Flut!«

Und all dies bewegte Leben ist von Lichtern und Tönen erfüllt, welche, ebenfalls zur Textur des Gedichtes gehörig, seinem Verlaufe Gestalt geben. Das Blau der Luft und das Gold der Pfeile in des Königs erster Strophe leuchtet in Thereiles zweiter wieder. Es ist keine Erscheinung, die nicht ihre Entsprechung hätte. Zu der Wiederaufnahme der einzelnen Chiffren, die durch die Abwandlung des Gleichen wirken, tritt die Wirkung der durchgängigen Entgegensetzungen. Das »Arbeitet schwer« wird von den »Fäden leicht« aufgewogen; die Süße des Nachtwinds ist noch nicht vom frechen Tag verweht; der »Erdenkräfte flüsterndes Gedränge« findet sich in reingestimmten Lüften aufgehoben. Die Fäden des Gedichtes spinnen sich also nicht nur von ähnlichem Ton zu ähnlichem Ton (den wir als solchen wiedererkennen), sondern auch von Gegensatz zu Gegensatz, der das Eine durch das Andere hervortreten läßt. Gegen Wühlen und Gärung stehen »Ruhe« und »Wohlbedacht«, gegen Entbehrung »Fülle«. Es erweist sich, daß das »hin und wieder« im himmlischen Raum und das »hin und wieder« im überhimmlischen Saal nicht nur Bewegung bezeichnet; das »Widerspiel« erscheint als ein Prinzip allbewegten Lebens überhaupt und wird am Ende als eine einzige große Metapher menschlichen Daseins von dem alten Mann erkannt:

> *In meiner Brust, die kämpft und ruht,*
> *Welch eine Ebbe, welche Flut!*

Mit diesem ins Unendliche offenen Schluß schließt der Zwiegesang im Drama. Für die Sammlung seiner Gedichte hat Mörike, mit der ersten Strophe der Thereile einsetzend, das Mittelstück aus dem Ganzen herausgelöst und ihm den Namen »Gesang zu Zweien in der Nacht« gegeben.[35] In ihm sprechen Sie und Er gleich oft, je zweimal. In ihm ist der Fortschritt der Nacht, dessen Unaufhaltsamkeit unausgesprochen gegenwärtig bleibt, wie in der Schwebe gehalten. Das Drängen der unteren und das Klingen der oberen Sphären läßt die schöne Nacht die Zeit und damit sich selbst vergessen: »Du schwärmst, es schwärmt der Schöpfung Seele mit!«

Sphärenklang und Schwärmen, ein Zustand lieblicher Fülle, geben den letzten Ton, etwas von der Beseligung bewahrend, welche das Gedicht durch die Entfernung des schweren Eingangs und des ebbenden, flutenden Schlusses allein erfüllt. Hier gibt es die Chiffre *Nacht* nur als »holde Nacht« und »süß der Nachtwind« – »Arbeitet schwer die Nacht« fehlt. Der »Erde feuchter Bauch«, der »Schoß der Erd'« fehlen ebenso. Das Dämonische und Bedrängende ist ausgelassen und nur die feenhafte Musik bleibt.

Die beiden schweren Eingangs- und Ausgangsstrophen wurden von Mörike als ein zweites Gedicht mit dem Namen »Nachts« neu kombiniert. Daß er überhaupt solche Versetzungen und Neuordnungen vornahm, ist bemerkenswert, auch wenn wir ihre Chronologie nicht mit völliger Gewißheit zu klären vermögen. Sie zeigt, wieviel Musik- und Spielcharakter bei allem Zusammenhang diesen Versen eignet; sie macht deutlich, wie sich das ganze Gewebe verändert, wenn einzelne seiner Elemente herausgezogen werden. Im Ganzen der Nolten-Fassung kann man beobachten, wie vorwiegend Dreier-Gruppen abgewandelter Motive miteinander verschränkt werden: *Erde, Luft, Nacht* werden jeweils dreimal gebraucht, das »hin und wieder« ebenfalls, nimmt man *Widerspiel* dazu. Die Dreizahl deutet auf weiteres Fortschreiten, wie es zum Dreiertakt gehört, während die Zweizahl ein Gleichgewicht bewirkt. Solche Verhältnisse – Hölderlin hat über sie nachgedacht – werden nur in einer analytischen Betrachtung bewußt; sie werden aber ganz gewiß durch das naive Zuhören apperzipiert, ja machen die eigentliche Form derjenigen Lyrik aus, die man Chiffrenpoesie nennen könnte. Es ist eine »moderne Form«, die erst nach Goethe hervortritt, der das einheitliche, sich anachronistisch bewegende Bild liebte. Die Chiffrenpoesie dagegen lebt von der Bilderfolge, von den Proportionen der durch sie bewirkten Zeitabläufe, von den Verhältnissen der sinnlichen und Imaginations-Impulse. Sie kann dabei zum reinen Spiel werden, sie kann auf vollkommene Abstraktion zielen. Sie kann aber auch, wie bei Mörike, die einzelnen Dinge im Zusammenhang ihrer einen Welt halten, von welcher der König und Thereile sprechen. Beide gehören ihr an, und dieser Dichter gehört ihr noch zu.

In »Nachts« ist von diesem Chiffren- und Bilderspiel nur ein Bild geblieben, das den erschütterten Dichter auf sich selbst zurückweist:

... Vor diesem Bild, so schweigend und so groß.
Mein Herz, wie gerne machtest du dich los! [36]

Der »Gesang zu Zweien« hält die Elemente im Gleichgewicht; die Noltenfassung vergegenwärtigt ihr unendliches Spiel. »Nachts« bringt ihre Einzigartigkeit hervor, die die Erfahrung, wie sie sich in den beiden anderen Fassungen ausspricht, gänzlich verwandelt. Der Anfang ist gemildert, wobei sich, bemerkenswert genug, die fortgefallene Metapher von »der Erde feuchtem Bauch« als realistischer erweist denn die neue Wendung »Horch, auf der Erde feuchtem Grund gelegen ...«

Es folgt ihr kein Spiel von Chiffren mehr, das Gleichgewicht oder unendlichen Prozeß hervorruft. Eine einzige Anschauung wird bewahrt, der eine neue, abgelöstere Reflektion des Dichters hervorruft, welcher von der Gewalt der Kräfte und der Schönheit ergriffen ist. In der Vereinzelung wird aus Chiffren (nur *Erde* kommt noch zweimal vor) Bild, ein Bild. Der Dichter findet sich ihm allein gegenüber, baut es nicht mehr in Rede und Gegenrede von Mann und Frau auf; kein gemeinsamer Akt des Erkennens und Wahrnehmens schafft Gemeinsamkeit und gibt Halt. Auch zeigt das objektive *man,* das aus der Noltenfassung in den »Gesang« übergegangen war, hier nicht mehr die Allgemeinheit des Erlebens an. In »Nachts« ist das Herz allein, »hier ist kein Entweichen«. Das »Widerspiel« ist nicht mehr ein »gleiches Widerspiel«, Sprecher und Welt unendlich kombinierend, so daß sich der König im Weltgleichnis verstehen kann. Es heißt jetzt:

Mir aber in geheimer Brust erwacht
Ein peinlich Widerspiel von Fülle und Entbehrung ...

Da ist keine Hoffnung mehr, »Daß eins im andern sich auf ewig stillte ...«

Der »Schönheit Götterstille«, unendlich über das Individuum erhaben, fordert das »beuge dich«! Die überwältigende Erfahrung des Heiligen, in der Vereinzelung und ohne *deinesgleichen* gemacht, schließt in ihrer Macht den Erfahrenden aus. Hier mag eine der geheimen Wurzeln der Schwermut liegen, die schon den jungen Mörike bedrängte:

... wenn die heitere Geistesflamme sich vielleicht vom besten Öl des innerlichen Menschen schmerzhaft nährte, wer sagt mir dann, warum jenes namenlose Weh, das alle Mannheit, alle Lust und Kraft der Seele bald bänglich schmelzend untergräbt, bald zornig aus den Grenzen treibt, warum doch jene Heimatlosigkeit des Geistes, dies Fort- und Nirgendhinverlangen, inmitten eines reichen, menschlich schönen Daseins, so oft das Erbteil herrlicher Naturen sein muß? [37]*

Aber der Dichter wußte auch, was aus dem »Rätsel eines solchen Unglücks« als Lösung hervorzugehen vermag – »wie von innerm Gold ein Widerschein«[38] leuchten in den Versen die Elemente des Daseins auf: »... in des Schönen Gestalt, ewige Mächte.«

Der Tränen nächtige Bilder
Trakl und Benn

Als Georg Trakl sein »Kaspar Hauser Lied« dichtete, waren ihm
wahrscheinlich die Verse Verlaines gegenwärtig, die die Überschrift
»Caspard Hauser chante« tragen:

Je suis venu, calme orphelin,
Riche de mes seuls yeux tranquilles,
Vers les hommes des grandes villes:
Ils ne m'ont pas trouvé malin. [1]

Das ist der Anfang des berühmten Gedichts, das im Brüsseler Ge-
fängnis entstand. Die rätselhafte Figur des Findlings, dessen Herkunft unbekannt und dessen Tod unerklärlich war, fand Eingang in
die große Literatur. Man kann den gewalttätigen Verlaine nur
schwer mit dem stillen Waisenknaben vergleichen, welcher kein Arg
kennt und mit großen Augen in die fremde Welt der Städte blickt.
Aber man kann verstehen, daß der Verzweifelte und Verlassene sich
von der Figur des Einsamen, des Verlassensten angezogen findet. Er
kommt von nirgendwo, und er gehört nirgendwo hin, ja nicht einmal der Tod will ihn:

Bien que sans patrie et sans roi
Et très brave ne l'étant guère,
J'ai voulu mourir à la guerre:
La mort n'a pas voulu de moi.

Suis-je né trop tôt ou trop tard?
Qu'est-ce que je fais en ce monde?
O vous tous, ma peine est profonde:
Priez pour le pauvre Caspard!

Verlaine, gescheitert in den bürgerlichen Verhältnissen und in seiner
Beziehung zu Rimbaud, hatte mit dem Gedanken gespielt, sich als

Soldat in den Karlistischen Aufstand zu flüchten; vom historischen Kaspar Hauser wird berichtet, daß er Soldat zu Pferde werden wollte. Aber diese äußerlichen Identifikationen erklären die Wirkung der einfachen Verse nicht. Jede der drei ersten Strophen faßt eine Lebensstation zusammen, die ein Scheitern zum Kehrreim hat. Das Kind ist nicht gewandt im Leben; der Jüngling ist den Frauen nicht schön genug; den Todessündigen will der Tod nicht. Das alles wird mit großer Genauigkeit und pointierter Kürze gesagt, so, daß die beiden Anfangszeilen jeder Strophe die Lebenslage entwickeln und die beiden letzten Hoffnung und Enttäuschung in die engste Verbindung bringen, nicht ohne den Anklang bitteren Witzes:

A vingt ans un trouble nouveau,
Sous le nom d'amoureuses flammes,
M'a fait trouver belles les femmes:
Elles ne m'ont pas trouvé beau.

Alles führt auf die klagenden Fragen der letzten Strophe, welche die ganze Fremdheit und Unzeitigkeit des Sprechenden enthüllt, seinen schrecklichen Schmerz, der sich dem fürbittenden Mitleid empfiehlt. Die Situation des Kaspar Hauser erweist sich nicht nur als diejenige Verlaines; sie nimmt den einsamen Menschen überhaupt auf, der sich in dieser geschichtlichen Erscheinung ausspricht. Insofern verfährt das Gedicht wie alle große Lyrik, und es ist sehr schlicht in seiner Rede. Jede Strophe hat einen verständlichen Zusammenhang und drängt zur sachlich-traurigen Feststellung. Die Einfachheit des Erfahrenen – und die furchtbare Einfachheit der Fragen – verzichtet auf Bilder und wirkt durch den Bericht. Nur eine metaphorische Wendung schleicht sich ein, gleich als solche gekennzeichnet und einer linkischen Schamhaftigkeit entsprungen, welche die Liebesdinge zu umschreiben nötigt: »sous le nom d'amoureuses flammes«. So ist das Ganze sehr unmittelbar und verständlich, erschütternde Rede einer armen Kreatur.

Ganz anders ist Georg Trakls »Kaspar Hauser Lied«, nicht nur, weil es in der dritten Person berichtet. Es steht in einem anderen literaturgeschichtlichen Zusammenhang. Verlaines erste Strophe enthält im Bericht einfache Urteile: »calme orphelin, yeux tranquilles, pas trouvé malin«. Bei Trakl heißt es:

Er wahrlich liebte die Sonne, die purpurn den Hügel hinabstieg,
Die Wege des Walds, den singenden Schwarzvogel
Und die Freude des Grüns.

Ernsthaft war sein Wohnen im Schatten des Baums
Und rein sein Antlitz.
Gott sprach eine sanfte Flamme zu seinem Herzen:
O Mensch! [2]

Er liebt die Wege des Walds, die Sonne, die Vögel. Die erste Strophe
gibt ein Bild der schuldlosen Natur, ein ganzes Reich von Ursprüng-
lichkeit. Was sich an menschlichem Gefühl darin findet, ist Liebe
und Freude. Im unberührten bayrischen Wald soll Kaspar Hauser
nach der Sage geboren sein. Ein reines und ernstes Dasein begann
in den stillen Schatten. Gott würdigte es des Ansehens als eine
sanfte, nicht als verzehrende Flamme. Indem er das *O Mensch* zum
Herzen hin ausspricht, findet eine Anerkennung statt, ein höchster
Gruß: »Ich habe Dich gesehen, so nah kann mir der Mensch sein«.
Eine biblische Macht der Anrede ist in diesem *O Mensch*. Es stellt
diesen Kaspar Hauser von Anfang an in einen theologischen Raum.
Auch Verlaine tut das am Ende mit der Bitte um das Gebet; auch
Verlaines Kaspar Hauser ist von den Menschen durch Unschuld ge-
schieden: »Ils ne m'ont pas trouvé malin.«

Aber wie vollkommen verschieden ist die Sprechweise: »J'ai voulu mourir à la guerre: La mort n'a pas voulu de moi.« Trakl:

Stille fand sein Schritt die Stadt am Abend;
Die dunkle Klage seines Munds:
Ich will ein Reiter werden.

Verlaines Verse zielen auf pointierte Verständlichkeit. Diejenigen
Trakls sind von einem dunklen Zauber, der fühlbar wird, ehe sich
der Sinn erschließt:

Ihm aber folgte Busch und Tier,
Haus und Dämmergarten weißer Menschen
Und sein Mörder suchte nach ihm.

Frühling und Sommer und schön der Herbst

Des Gerechten, sein leiser Schritt

An den dunklen Zimmern Träumender hin.

Nachts blieb er mit seinem Stern allein;

Sah, daß Schnee fiel in kahles Gezweig

Und im dämmernden Hausflur den Schatten des Mörders.

Silbern sank des Ungebornen Haupt hin.

Zunächst fand Kaspar in der Welt, in Nürnberg, liebevolle Aufnahme. Man hatte Mitleid mit dem so rätselhaft der Natur Entrissenen, ja es schien, als ob er eine Heimat haben werde. Aber das sind Kenntnisse äußerer Vorgänge, die wir aus dem Bereich überlieferter Historie haben. Sie geben den Vordergrund des Geschehens, wie er in Verlaines Gedicht wiewohl aufs äußerste abgekürzt noch enthalten ist. Bei Trakl tritt eine Tiefenschicht nach außen. Nicht Vorgänge werden abgeschlossen, sondern Dinge erscheinen und sagen etwas. Aber was? Indem Busch und Tier folgen, zieht die unschuldige Herkunft mit. »Haus und Dämmergarten weißer Menschen« – folgen sie ihm auch oder nehmen sie ihn auf? Die Unsicherheit entsteht nicht nur durch den ungesicherten Text der Traklschen Gedichte.

Wenn hinter »Menschen« ein Komma stünde, so wäre der Satz grammatisch klar.[3] Aber die Schwierigkeit der Deutung wäre nicht gelöst; sie hat ihren Ursprung in der Wendung »weiße Menschen«. Wir begegnen damit der für Trakls Poesie charakteristischen absoluten Chiffre. Das Wort Mensch wird qualifiziert durch eine Farbe, ohne daß der Sinn dieser Qualifikation natürlich oder verständlich wäre. Wir können darüber spekulieren, wir können sie als Wert in der großen Farbigkeit dieser Verse empfinden (*purpurn, Schwarzvogel, Grün, Schatten, Flamme, Abend, dunkle Klage, weiße Menschen, Nacht, Stern, Schnee, dämmernder Hausflur, silbern*), wir können sogar beobachten, daß das Gedicht bunt beginnt und in Dämmerung und neutraler Farblosigkeit, silbern und weiß, endet. Aber es ist unmöglich, irgend eine inhaltliche Gewißheit zu erlangen. Um so gewisser ist der erbarmungslose Satz »Und sein Mörder suchte nach ihm.«

Kaspars Schicksal ist schon bereitet, ohne daß er es weiß. Während er ahnungslos, ein Gerechter, Frühling, Sommer und Herbst durchläuft, sucht der Mörder schon sein Opfer. Nicht lange nach Hausers Ankunft in der Stadt traf ihn, wie die Geschichte berichtet, der Dolch eines Unbekannten. War das ein »weißer Mensch«? In den Nächten ist er mit seinem Stern – er hat einen Stern – allein. Dann kommt der Winter und mit ihm der Mörder. Ein Leben endet, das nie wirklich in das Heute dieser Welt getreten ist. Silbern sinkt das Haupt dahin: das Gedicht schließt wieder mit einer geheimnisvollen Chiffre.

Man kann es so wenig auf den historischen Kaspar Hauser oder Trakl allein deuten, wie man die Verse Verlaines als Darstellung bloß des Verlaineschen oder des Hauserschen Schicksals nehmen darf. Beide Gedichte enthalten persönlichste Erfahrungen, die sich historisch vorbildlich beglaubigt finden. Kaspar ist der unschuldige Fremdling in der wirklichen Welt. Er deutet auf einen entscheidenden Zug der Traklschen Anthropologie, die nicht christlich ist, aber christlichen Grund hat. Sie geht aus von einem Menschen, der einmal Gott nahe war, rein und schön. Dieser ursprüngliche Mensch »wahrlich liebte die Sonne,« er war »gerecht, sündelos«, er war von vollkommener Unschuld:

Schön ist der Mensch und erscheinend im Dunkel,
Wenn er staunend Arme und Beine bewegt,
Und in purpurnen Höhlen stille die Augen rollen.[4]

Aber dieses Bild des Menschen ist nur noch Erinnerung und Abglanz. Jetzt hat er das Paradies verloren und ist *verwest,* eine unüberbrückbare, schreckliche Kluft trennt ihn von diesem seinem eigentlichen Dasein. Die Erinnerung daran ist eine Quelle von Qualen. Auf diesem Grunde, den man aus dem Gesamten des Traklschen Werkes zu gewinnen vermag, erhält die Gestalt Kaspar Hausers ihr bedeutendes Leben. Das Reine ist fremd in der Welt und kann nicht in ihr bestehen. Sein Mörder ist schon unterwegs, es geht unter, ehe es lebt.

Damit haben wir wohl einen allgemeinen Rahmen der Deutung, aber keineswegs eine Aufklärung, was »weißer Mensch« und was ein Satz soll wie »Silbern sank des Ungebornen Haupt hin.« Bei Verlaine fanden wir die unmittelbare Aussage des Sprechers über sich selbst, der ein Urteil voraufgegangen war. Hier wird das Wesentliche nicht nur durch ein formuliertes Urteil mitgeteilt, sondern durch die Beziehung zu Dingen und Zeichen, die vorgestellt werden. Es ist Kaspar Hauser, der in dieser Beziehung steht; es ist der Dichter, der sie vergegenwärtigt; es ist der Hörer oder Leser, dem sie vergegenwärtigt wird. Zunächst ist die Beziehung einsichtig. Kaspars ursprünglicher natürlicher Zustand findet sich in der Nennung der von ihm geliebten Naturdinge, *Wald, Weg, Vogel, Freude des Grüns*. So unschuldig, wie Kaspars Stand ist, so unschuldig sind diese Dinge genannt. Sie sind wirklich geliebt und wirklich gemeint, sie haben keine andere Bedeutung als die ihres einfachen Daseins, eines paradiesischen Daseins vor dem Fall. Trakl ist ein großer Dichter, weil die schlichten Worte so wirksam ihren natürlichen Raum einnehmen, so, als ob Heines Misere nie gewesen wäre.

Aber das bleibt nicht so. Der naive Leser kann nicht wissen, daß schon die Wendung von der »Stadt am Abend« für den Dichter im unergründlichen Bezugssystem der von ihm gesetzten Bedeutungen ihren Ort hat. Gewiß kennt Trakl auch die »schöne Stadt«.[5] Aber was er meint, wenn er »Stadt« sagt, ist »der Wahnsinn der großen Stadt«,[6] jener Platz, »wo kalt und böse / ein verwesend Geschlecht wohnt«.[7] Es ist »die finstere Stadt, die der Mönche edlere Zeiten schweigt«.[8] Noch ehe das Feuer über Europa ging, sah er ihre Mauern als »verfallen«,[9] »... sah viel Städte als Flammenraub«,[10] sah »... aufflattern weiße Vögel am Nachtsaum / über stürzenden Städten / von Stahl«,[11] und sah: »in der zerstörten Stadt richtet die Nacht schwarze Zelte auf«.[12] Die Stadt ist also nicht wie hier *Sonne* und *Wege des Walds* eine natürlich bestimmte Erscheinung, sondern sie ist als Chiffre fixiert, welche die Hoffnungslosigkeit und Verwesung menschlicher Werke in einer Abkürzung zusammenfaßt. Erst wenn man Trakl studiert, kann man die Funktion dieser Chiffre erschließen. Dann enthüllt sich die »Schwermut der rauchenden Stadt«.[13] In eine solche Stadt muß Kaspar Hauser als vollkommener Fremdling eintreten und man versteht, wie der Sprechende sich in dieser Gestalt mitbegreift. In »Offenbarung und Untergang« heißt es: »ein Fremdling am Abendhügel, der weinend aufhebt die Lider über die steinerne Stadt«.[14]

Der bedrückende Sinn der Chiffre *Stadt* ist also durch den Dichter einigermaßen festgelegt, und man mißversteht ihn, wenn man ihn nur kulturkritisch nimmt. Er zielt auf einen anthropologischen

Sachverhalt. Viel schwieriger wird die Interpretation, wenn wir nach »weißen Menschen« fragen. Es ist bekannt, daß Trakls Dinge durch Farben qualifiziert werden. Aber es wäre ein verhängnisvoller Irrtum zu meinen, daß diese Qualifikation festlegbar sei – sie wird meist widersprüchliche Deutungen zulassen. Mit einem Katalog ist nichts getan, und mit unserer sinnlichen Vorstellung nur wenig. Zwar schafft sie einen Raum von Gestimmtheit, aber er ist nicht wirklich einsichtig. Wenn ein Haupt »auf silberne Weise« dahinsinkt, so geht das über die lyrische Unvernunft hinaus, die sich so selbstverständlich in Goethes berühmtem »grün des Lebens goldner Baum« ausspricht. Die Farbwerte Trakls erscheinen beliebig gebraucht, und sie verwandeln ihre Träger zu einer nicht mehr natürlichen Erscheinung. Dieser Beliebigkeit wird man staunend gewahr, wenn man versucht, die wenigen erreichbaren Varianten Traklscher Gedichte zu vergleichen.

Manche dieser Varianten – es handelt sich stets um den ersten Abdruck im »Brenner« und die endgültige Gestalt der Dichtungen – sind durchaus erklärbar. Wenn der Dichter zunächst schreibt »auf schwärzlichem Kahn fuhr jener den mondenen Fluß hinab«,[15] um dann zu setzen »... fuhr jener schimmernde Ströme hinab«,[16] so bleibt diese Veränderung im gleichen erkennbaren Sinnbereich. Das gilt auch noch, wenn in dem Gedicht »An einen Frühverstorbenen« erst von der entscheidenden Stunde zu lesen stand:

Stunde kam, da jener die purpurne Scheibe der Sonne sah,
Dunkles Saitenspiel in kahlem Geäst.[17]

Später heißt es:

Stunde kam, da jener die Schatten in purpurner Sonne sah,
Die Schatten der Fäulnis in kahlem Geäst.[18]

Eine Verschärfung ist bewirkt, welche die bevorstehende Verwesung dem Blicke gnadenlos vorrückt. Solche Verbesserungen kennen wir etwa von Hölderlin, dessen mühsames Streben nach Genauigkeit aber niemals die Grundverhältnisse seiner Bildwelt umstürzt. Auf wie schwankendem Boden hingegen bewegen wir uns, abgesehen von der Unsicherheit der Texte und der Dunkelheit des Traklschen Wortes überhaupt, wenn wir eine Veränderung wie die folgende in der »Verwandlung des Bösen« entdecken. In der herbstlichen, dem Zerfall anheimgegebenen Landschaft nimmt der Dichter den Vogelflug wahr, an sich schon eine ihm bedeutungsvolle Chiffre. Es singen »Krähen, die sich zerstreuen ... Ihr Flug gleicht einer Sonate, voll verblichener Akkorde und männlicher Schwermut; leise löst sich eine goldene Wolke auf.«[19] Ursprünglich hieß es aber: »... Ihr Flug gleicht einer Sonate, ... manchmal tönt ein grollender Ton darin.«[20] Ein versöhnliches Bild ist an die Stelle einer anderen, inhaltlich sehr verschiedenen Aussage gesetzt worden. Jede Fassung würde der Deutung eine entschiedene Richtung geben, und man sieht zunächst keinerlei Gemeinsamkeit zwischen den Varianten. Dabei liegt sie auf der Hand, aber sie hat mit dem Inhalt nichts zu tun:

manchmal tönt ein grollender Ton darin
leise löst sich eine goldene Wolke auf

Wichtiger als der Gehalt war für Trakl der sinnliche Klang des Satzes. Er ist nicht nur erhalten geblieben, sondern gesteigert; auf das genaueste wird der ursprüngliche, dunkel klangvolle Vokalismus ö – o – o in der neuen Wendung bewahrt.

Haben wir es also mit Sprachmusik zu tun, die noch absoluter ist als die Brentanos? Bei Brentano hatten die Bilder auf magische Weise die Grenzen zwischen Seele und Welt geöffnet. Eichendorff und Heine sahen ein tolles Spiel fesselloser Phantasie darin. Aber immer noch waren die einzelnen Figuren durch eine unsichtbare Nabelschnur mit dem nährenden Grund ursprünglicher, natürlicher Bedeutung verbunden. Wie ist es hier? Die weiße Farbe hat, physikalisch gesehen, eine meßbare Bestimmtheit. Das Auge nimmt sie unverwechselbar wahr. Sie gehört zu bestimmten Dingen, zu den Wolken etwa: »Die Wolken stehn im klaren Blau, die weißen, zarten.«[21] Sie gehört zur verschneiten Landschaft: »Der Acker leuchtet weiß und kalt.«[22] Selbstverständlich finden wir bei Trakl diese natürliche Wahrnehmung, genau so, wie wir den sinnbildlichen Gebrauch dieser Farbe finden. Goethe hat den »Begriff vom Weißen« als »den Begriff von unbedingter Reinheit und Einfachheit« bezeichnet; »... so daß wir auch im Sittlichen den Begriff von Weiß mit dem Begriff von Einfalt, Unschuld, Reinheit verbunden haben.«[23] Auch das hat Trakl, etwa im »Geistlichen Lied«:

Und in Rosen Kranz und Reihn,
Rosenreihn
Ruht Maria weiß und fein. [24]

Aber je genauer man hinsieht, um so geringer werden die Stellen, an denen Weiß in so festlegbarem Zusammenhang erscheint. Es gibt einen ganz anderen Gebrauch. Zunächst ist auch er noch auf sinnliche Anschauung zurückzuführen (»Die junge Magd«):

Und sie liegt ganz weiß im Dunkel.
Unterm Dach verhaucht ein Girren.
Wie ein Aas in Busch und Dunkel
Fliegen ihren Mund umschwirren. [25]

Hier erscheint der weiße Leib der armen Magd wie ein fahler Leichnam. Die Toten haben bei Trakl »weiße Lider« oder »weiße Brauen«;[26] »den Schlafenden erscheinen Engel mit weißen, zerfetzten Flügeln«[27] – weiß wird zur Farbe von Verfall und Untergang, weit entfernt von jenen Inhalten, die Goethe in ihm fand. Zwischen diesen beiden entgegengesetzten Möglichkeiten schwebt der Wert von *weiß*, um so unbestimmbarer, als niemand sich der ursprünglichen Farbwirkung entziehen kann. Jedes Farbwort erzeugt Stimmung. Jedes Farbwort ist versetzbar und kann Dingen zugeordnet werden, welche natürlicherweise nichts mit der Farbe zu tun haben. Aus der Spannung zwischen »natürlicher« Stimmung und künstlich-bedeutender Position entsteht der unnachahmliche Reiz der Traklschen Verse, entsteht zugleich eine Fülle von Mißverständnissen in der Deutung.

Diese Deutung nämlich kann nicht festliegen. Die zahlreichen Farbworte bilden keine rätselartige Hieroglyphe, deren Sinn erschlossen werden kann und fixiert ist. Es handelt sich vielmehr um aus ihren ursprünglichen Zusammenhängen abgelöste Stimmungsträger, um eine Abstraktion, die ihren Funktionswert nicht nur von der vorgegebenen sinnlichen Qualität erhält, sondern vor allem von der Stelle, an der sie steht. Aber auch das ist noch nicht genug; der Funktionswert wird weiter von der Gesamtheit der bei Trakl vorkommenden Gebräuche mitbestimmt. Der Dichter kennt – wie am Beispiel der Stadt hervortritt – eine eigene Bildersprache. Aber sie ist unendlich viel emanzipierter als die Hölderlins, welche stets nach historischer Beglaubigung und schlüssigem Zusammenhang strebte. Sie ist auch selbständiger als die Brentanos, bei welchem die Bereiche ineinander übergehen, ohne daß der natürliche Sinn ganz aufgegeben würde. Wenn aber Trakl sagt:

Das wilde Herz ward weiß am Wald;
O dunkle Angst
Des Todes, so das Gold
In grauer Wolke starb. [28]

so hat das *weiß* einen irrationalen Wert, der letztlich unerschließbar bleibt. Der Wert ergibt sich aus der Funktion im Zusammenklang mit *dunkel – Gold – grau,* aber er ist abstrahiert von jeder Bedeutung, die ihm φύσει zukommen könnte. Diese Zusammenhänge gilt es sich klarzumachen, wenn man nach jener Stelle »Haus und Dämmergarten weißer Menschen« fragt. In »Helian« sind die »Schwestern … ferne zu weißen Greisen gegangen«;[29] es waren »traurige Pilgerschaften«. Das Wort weckt trübe Assoziationen. In der letzten Strophe von »Musik im Mirabell« heißt es: »Ein weißer Fremdling tritt ins Haus.«[30] Vorauf geht ein angstvoller Vers, es folgt das unheimliche Bild »Ein Hund stürzt durch verfallene Gänge.« Wir sind also geneigt, dem »weißen Fremdling« eine negative Interpretation zuzuweisen. Aber in einer früheren Fassung steht an Stelle von

Ein weißer Fremdling tritt ins Haus.
Ein Hund stürzt durch zerfallene Gänge

das ganz andere Bild:

Opaliger Dunst webt über das Gras,
Ein Teppich fein von welken Düften. [31]

Es gelingt uns nicht, zu irgendeiner Verbindlichkeit der Worte vorzudringen. »Haus und Dämmergarten weißer Menschen« bleibt ungewiß, und auch von der Chiffre im letzten Vers des »Kaspar Hauser Liedes« ist keine über die sinnliche Wahrnehmung hinausgehende Gewißheit zu erlangen. Für die Worte »silbern sank des Ungebornen Haupt hin« wollte der Dichter die Änderung: »Eines Ungebornen sank des Fremdlings Haupt hin.«[32] Aber offenbar hat er diese Änderung wieder verworfen.

Wir haben es mit einer Welt reiner Poesie zu tun, welche die alten Dinge und Bilder als Chiffren für ihre immanenten Beziehungen, für ihre schwermütig-herrlichen kaleidoskopischen Spiele benutzt. Auf diese Weise bringt Trakl den deutschen Vers nochmals zum Sprechen und die Bilder zum rätselhaften Leben. Es geht ein großer Reiz vom Vertrauten aus, wenn man es zum Geheimen verwandelt findet. Aber die Sprache kommt an eine Grenze, jenseits derer die völlige Auflösung der realen Zusammenhänge und des Sinns des Wortes liegt, das Weltbemächtigung und Mitteilung will.

Es ist für diese Sprache bezeichnend, daß sie häufig spricht, ohne eigentlich mitzuteilen. Sie hat eine Fülle von Bildern, die nicht der Einsicht dienen, weil sie der Verbindlichkeit entraten, die zur Kommunikation Voraussetzung ist. Wandelbarkeit ist an die Stelle der Verbindlichkeit getreten. Immer wieder muß gesagt werden, daß mit dem überlieferten unzerstörten Einzelwort ein vordergründiger Wortsinn gegenwärtig bleibt: Mauer ist Mauer. Weil wir ihn erkennen oder uns seiner erinnern, überzeugt das Wort, das aber keineswegs auf diesen vordergründigen Sinn zielt. Es erhält einen hintergründigen Sinn, der sich über den ursprünglichen hinwegsetzt, sich von ihm nährt und ihm widerstreitet und eben der Welt dieses Dichters zugehört, nicht aber der historischen. Die Traklsche Chiffre *Mauer* wird durch ihre jeweilige Funktion mehr bestimmt als durch die Realität einer Mauer:

In den einsamen Stunden des Geistes
Ist es schön, in der Sonne zu gehn
An den gelben Mauern des Sommers hin ...[33]

Wenn es Herbst geworden ist,
zeigt sich nüchterne Klarheit im Hain.
Besänftigte wandeln wir an roten Mauern hin ...[34]

Zur Vesper verliert sich der Fremdling in schwarzer Novemberzerstörung,
Unter morschem Geäst, an Mauern voll Aussatz hin ...[35]

Die kristallne Woge
Hinsterbend an verfallner Mauer ...[36]

In steinerner Mauer
Neigte sich ein gelbes Haupt, schweigend das Kind ... [37]

Silbern zerschellt an kahler Mauer ein kindlich Gerippe. [38]

Die »Vordergrundbedeutung« von *Mauer* findet sich variiert durch den jeweiligen Stellenwert, der vor allem von der Apposition verliehen wird. Wieder erstreckt sich das Bedeutungsfeld von Geborgenheit zu Verfall und Tod, ein Widerspiel zwischen Drohung und Schutz, Wärme und Eiseskälte. Wenn wir verstehen wollen, müssen wir in den Raum dieser Sprache eintreten, der nicht notwendig der unserer Sprache ist. Wir meinen die Voraussetzungen des Verständnisses mitzubringen; aber es gilt erst, sie zu schaffen. Das Vertraute erweist sich als entfremdet. In einer kunstvollen Distanzierung wird uns so in der Verwandlung der Bilder die Verwandlung unserer disparaten Welt bewußt. Ohne Zweifel ist es eine Besonderheit der modernen Dichtung, daß sie sich nur aus sich selbst erläutert.

Die natürlichen Zusammenhänge sind also durch funktionale Beziehungen ersetzt. Es gibt einen verzweifelten Aufschrei von Trakl in einem Brief an Ludwig von Ficker: »Es ist ein so namenloses Unglück, wenn einem die Welt entzweibricht ... Sagen Sie mir, daß ich nicht irre bin. Es ist steinernes Dunkel hereingebrochen.« (November 1913)[39] Man muß sich entschließen, dieses Entzweibrechen wörtlich zu nehmen. Man kann es nicht mit Drogenessen und psychologischen Erwägungen abtun. Ein lyrischer Dichter von erstem Rang ist hier der Erfahrung ausgesetzt, daß sich der Zusammenhang zwischen Wort und Sache in der Sprache der Poesie gelöst hat. Die Welt wird subjektiv zusammengehalten nur noch von der leidenden Person. Die Einheit des Gedichts wird hergestellt durch die inneren Relationen, welche einander bestimmen und in der Waage halten. Mehr noch als früher muß die von außen kommende Frage nach der »Bedeutung« diese Einheit des Gedichtes zerstören. Die Frage setzt nämlich einen Zusammenhang, einen Gemeinsinn voraus, dessen Fehlen gerade den Grund dieser Gedichte ausmacht. Die Abstimmung ihrer Chiffren aufeinander und der funktionale Bezug ist ein Ersatz für den in der Erfahrung der Realität vermißten Zusammenhang und für die verbrauchte Schönheit natürlicher Bilder. Die Abstraktion stellt eine neue Einheit her, die sich der Elemente der

Wirklichkeit nur noch bedient, weil sonst Schweigen einträte. Die Welt ist nicht mehr Kaspar Hausers Welt mit dem Leben des Walds und der Freude des Grüns. Dies ist Trakls Welt:

De profundis

Es ist ein Stoppelfeld, in das ein schwarzer Regen fällt.
Es ist ein brauner Baum, der einsam dasteht.
Es ist ein Zischelwind, der leere Hütten umkreist –
Wie traurig dieser Abend.

Am Weiler vorbei
Sammelt die sanfte Waise noch spärliche Ähren ein.
Ihre Augen weiden rund und goldig in der Dämmerung
Und ihr Schoß harrt des himmlischen Bräutigams.

Bei der Heimkehr
Fanden die Hirten den süßen Leib
Verwest im Dornenbusch.

Ein Schatten bin ich ferne finsteren Dörfern.
Gottes Schweigen
Trank ich aus dem Brunnen des Hains.

Auf meine Stirne tritt kaltes Metall.
Spinnen suchen mein Herz.
Es ist ein Licht, das in meinem Mund erlöscht.

Nachts fand ich mich auf einer Heide,
Starrend von Unrat und Staub der Sterne.
Im Haselgebüsch
Klangen wieder kristallne Engel. [40]

Das Gedicht ist aus Not geschrieben. Es stellt Bilder vor, deren Beziehung zueinander negativ ist. Jedes steht ganz für sich, keine romantische Grenzenlosigkeit erlöst es aus der Vereinzelung. Es ist ein Baum, der steht einsam. Es ist ein Stoppelfeld. Es ist ein Zischelwind; der geht um die leere Hütte (ein Haus, in dem keiner wohnt, ist ohne Sinn). Nichts gehört zusammen, alles besteht im Auseinanderfallen: »Wie traurig dieser Abend.« Eine unschuldige, verlassene Gestalt war in dieser Landschaft, die sanfte Waise, ein süßes Wesen, welches Hoffnung hegte. Es konnte nicht bestehen und verweste. Der Mensch spricht, »dem die Welt entzweibricht«. Er ist nicht mehr er selbst, sondern nur noch ein Schatten. Er ist den Wohnungen der Menschen fern, und selbst diese Wohnungen sind verfinstert. Die Verlassenheit ist vollkommen, Gottes Schweigen ist Teil dieses Daseins geworden. Der Gott Trakls ist nicht nur deus absconditus, sondern incredibilis deus absconditus, ein doppelt verborgener, doppelt schweigender Gott. Aber dennoch weiß der Dichter von dem Dasein dieses ungeglaubten Verborgenen, so wie er vom Glanze der Dinge weiß, die verfallen. Zur Verlassenheit kommt Schlimmeres. »Auf meine Stirne tritt kaltes Metall.« Diese Chiffre deutet auf den Menschen, der sich verlor: »O des Menschen verweste Gestalt: gefügt aus kalten Metallen.«[41] Es ist der gleiche Mensch, dessen »metallenes Herz« von »Gottes Geiern« zerfleischt wird.[42] Er ist sich selbst zum Ekel, Spinnen suchen sein Herz. Er findet sich in der Nacht, ganz allein, »starrend von Unrat und Staub der Sterne«, und selbst die Stimmen der Engel sind nur noch scheinbar tröstlich, wenn auch an ihrem Namen der ganze Sturz des Menschen deutlich wird. Gar zu oft sind Trakls Engel gefallene Engel, sie weinen »die kristallnen Tränen verdammter Engel«[43] angesichts dieses Menschen. Aber wir wissen es nicht; auch das Wort *kristallen* ist von vollkommener Ambivalenz.

Zu der negativen Theologie, der Grundlage der ganzen Traklschen Theologie, kommt ein negativer Logos überhaupt: nur Verfall und Nebeneinander sind mit Gewißheit auszusagen. Wenn von »Wirklichkeit« die Rede ist, so geschieht das beim späteren Trakl vorwiegend in der Negation. Das »de profundis« ist unzweifelhaft. Unzweifelhaft ist aber auch die von der Welt abgelöste Welt der Chiffren und Klänge, sie steht unter ihren eigenen Bedingungen, leiht sich das Leben von den alten Worten und spielt ein neues Spiel damit. Es klingt traurig, aber es ist schön. Es will nicht einmal mehr Chiffre für das Geheimnis sein, es chiffriert auch keine Nichtigkeit. Es will nur sich selber, es will sprechen können, wenn die Sprache sich entzieht, der Mensch in der Welt fremd ist, und die Dinge zerbrechen. »Ich werde immer ein armer Kaspar Hauser bleiben – Priez pour le pauvre Caspard!«[44]

So ist Trakls Dichtung im Grunde eine Enkeltochter der Brentanoschen. Das romantische Bild als Träger der immer wieder zu erneuernden Einstimmung von Welt und Seele drängte zur Chiffre. Es fand sich qualifiziert durch Eigenschaften, welche zwar der Sache nicht fremd waren, aber auch keine andere Notwendigkeit als die der spielenden Stimmung kannten. Es war in hohem Maße subjektiv, von einem Individuum gesprochen, welchem keine Grenzen durch die Welt gesetzt sind. Zugleich verlangte es nach Verallgemeinerung – nicht Allgemeingültigkeit. Es wollte gar keine Individualität aussprechen, weder die bestimmte angeschauter Natur, noch diejenige des Autors. Und eben die Verallgemeinerung begründet den Chiffrencharakter, der sich von der Realität emanzipiert. Wohlklang und Gefühl, die Kühnheit der Mischung, waren Brentanos eigentlicher Zweck. Für Trakl waren sie zur einzigen Möglichkeit geworden in einer Welt, deren Lebensgefühl sich gründlich gewandelt hatte.

Das Wesen dieser Wandlung und die Folgerungen, welche sich für Bild und Wort ergeben, werden an Gottfried Benn als dem theoretischer veranlagten Altersgenossen deutlich. Gottfried Benn und Georg Trakl sind im Zeitraum eines Jahres geboren, im gleichen wie Georg Heym. Alle drei stammten aus sogenannten geordneten Verhältnissen und wuchsen in einem seiner Bildung und Überlieferung überaus sicheren Lande auf, dessen lyrische Lieblingsdichter nicht zuletzt Geibel und Heine waren. Im Wandervogel feierten die romantischen Motive eine Auferstehung – »Verstohlen geht der Mond auf«; es war eine Generation, für die bürgerliche Sicherheit, Tradition und Friede fraglos erscheinen mußten. Gemessen an dem, was danach kam, war es eine schöne Jugend. Aber wenn der junge Benn im Jahre 1912 von schöner Jugend spricht, klingt es so:

Schöne Jugend

Der Mund eines Mädchens, das lange im Schilf gelegen hatte,
sah so angeknabbert aus.
Als man die Brust aufbrach, war die Speiseröhre so löcherig.
Schließlich in einer Laube unter dem Zwerchfell
fand man ein Nest von jungen Ratten.
Ein kleines Schwesterchen lag tot.
Die anderen lebten von Leber und Niere,
tranken das kalte Blut und hatten
hier eine schöne Jugend verlebt.

Und schön und schnell kam auch ihr Tod:
Man warf sie allesamt ins Wasser.
Ach, wie die kleinen Schnauzen quietschten! [45]

Schöne Jugend? offenbar das Gegenteil. Die merkwürdigen und kunstvoll bezogenen Rhythmen stammen aus einem Zyklus, der nach der berühmten Pariser Leichenhalle *Morgue* genannt ist. Makaber ist also der Obertitel, harmlos und geläufig dagegen ist die eigentliche Überschrift. Seit der Mitte des vergangenen Jahrhunderts und bis heute wird auf eine leiernde Melodie das folgende »Volkslied« gesungen:

Schön ist die Jugend bei frohen Zeiten
schön ist die Jugend, sie kommt nicht mehr!
Drum sag ichs noch einmal: Schön sind die Jugendjahre; schön ist die Ju-
gend, sie kommt nicht mehr.

Vergangne Zeiten komm'n niemals wieder,
verschwunden ist das junge Blut.
Drum sag ichs …

Es blühen Rosen, es blühen Nelken,
es blühen Rosen, sie welken ab.
Drum sag ichs …

Man liebt die Mädchen bei frohen Zeiten,
man liebt die Mädchen zum Zeitvertreib.
Drum sag ichs … [46]

Ein uraltes Thema wird hier klischiert: die schöne Jugend. Eine sentimentale Betrachtung der Vergänglichkeit, welche vorgegebene Bilder als selbstverständliche Bestandteile des Klischees verwertet. Was einmal große Kunst war, wie die Figur der blühend verwelkenden Rose, bei Alain von Lille und Andreas Gryphius, ist zum dauerhaften Gassenhauer geworden, der auf ein edles Gesellschaftslied zurückgeht. Er verwertet die zwangsläufigen Bildchen, die auch Geibel für dieses Thema heranzieht:

O Jugendzeit, du grüner Wald,
Darin der Liebe Röslein blüht …

Der helle Blick, der kecke Sinn,
Das rasche, rote Dichterblut,
O sprich, o sprich, wo sind sie hin! [47]

oder:

… Doch das ist's, was mich traurig macht,
Daß auch das Herz verblüht;

Daß, wie der Jugend Ruf verhallt
Und wie der Blick sich trübt,
Die Brust, die einst so heiß gewallt,
Vergißt, wie sie geliebt etc.[48]

Jede Strophe des »Volkslieds« braucht die Wendung von der schönen Jugend nicht weniger als dreimal. Dazu kommen, wie bei Geibel, die Röslein und die Liebe, die frohe Zeit und das junge Blut. Die
Mädchen gehören dazu, die heiße Brust und das Herz.

Einen guten Teil dieser Bilder findet man bei Benn wieder. Aber
was der Sentimentalität die süßliche Konsistenz gibt, wird hier fort-
schreitend als nichtig enthüllt. *Mund eines Mädchens* – das ist der
Gegenstand zahlloser Liebeslieder, soweit man zurückdenken kann;
mit ihm wurden Schönheit und Liebe gepriesen, und selbst Jahrhun-
derte poetischer Überlieferung vermögen die Assoziationen nicht zu
zerstören, die eine solche Wendung hervorruft. Das gilt ebenfalls für
Worte wie *Blut, Jugend, Nest, Laube,* die alle in uns das Bewußtsein
von Geborgenheit erwecken wollen. Aber sie alle sind hier auf eine
bloß physische Grundbedeutung reduziert, ihre Bildwirkung ist bewußt verhindert.

Dieser einstmals süße, rosenfarbene Mund sieht, wie Benn sich
auszudrücken beliebt, »so angeknabbert aus«. Der Jargon des Arz-
tes, dem ein toter Mensch nichts Ungewöhnliches ist, stellt einen
verwunderten Abstand her. Der Ton des Sektionsberichts klingt an
in dem neutral distanzierenden *man.* Als man die Brust aufbricht,
erklärt sich das verwunderliche Angeknabbertsein: ein Nest junger
Ratten verbirgt sich als das schlechthin Ekelhafte hinter dieser
Brust, die wir als Bild des schlechthin Schönen zu sehen gewohnt
sind. Die Ratten haben die »schöne Jugend« gehabt, nicht, wie wir

zunächst erwarten wollten, das Mädchen. Mit dieser Feststellung tritt unausweichlich die Relativierung des Wortes *schön* in den Blick, das nicht nur den Refrain jenes Volkslieds, sondern für lange Zeit den Grundstein der gesamten ästhetischen Anschauung gebildet hat. Auch es ist in Jahrzehnten gedankenlosen Gebrauchs entleert worden, genau so, wie sich der geläufige Satz »schön und schnell kam auch der Tod« als entsetzliches Klischee enthüllt. Als ob der Tod schön, als ob er schnell genug sein könnte. Zweimal gibt es ein affektives Gefühl in diesem sonst so objektiven Gedicht: wenn von dem »Schwesterchen« die Rede ist und in dem herzigen Satz, »Ach, wie die kleinen Schnauzen quietschten!« Aber dieses Gefühl wird dem widerwärtigen Tier zuteil, während der Mensch in der Distanz bleibt, ein Gegenstand naturwissenschaftlichen Berichtes. Die entsetzliche Umkehrung zeichnet sich ab, welche später Tierschutzgesetze ermöglichte, während man Menschen vergaste.

Alles das, was wir von dem Gedicht erwarten, trifft nicht ein. Die Worte, die wir gewöhnt sind, erweisen sich als nichtig. Kunstvoll sind »schöne Jugend« und »schöner Tod« in Entsprechung gesetzt – aber in Wahrheit ist von nichts weniger die Rede. Keines der überkommenen Gefühle, die man so gern empfindet und die die Gedichte so gern erregen, ist mehr anzutreffen. Wo sie als Worte noch vorhanden sind – Mädchen (»man liebt die Mädchen bei frohen Zeiten«), Brust (»die Brust, die einst so heiß gewallt«), schöne Jugend (»schön ist die Jugend bei frohen Zeiten«) – erweisen sie sich als in grotesker Weise unpassend (»Ach, wie die kleinen Schnauzen quitschten!«); oder sie haben ihren ästhetischen Wert gegen einen abstoßenden eingetauscht. Auch viele Figuren Trakls können so in das Makabre umschlagen. Der Mund des Mädchens ist zerfressen. Nest und Laube (»komm in meine Liebeslaube ...«) sind Wohnung der Ratten; das heiße Blut (»das rasche, rote Dichterblut«) ist kalt geworden und ernährt die Parasiten. Was einmal wert und schön war, ist es nicht mehr, die Werte haben sich verkehrt.

Was ist hier geschehen? Mit Terminologien wie »unästhetisch«, »destruktiv«, »Negation«, »heillose Welt« ist nicht viel getan; auch das sind bloße Worte, die den geschichtlichen Vorgang so wenig treffen, wie das moralische Urteil dazu imstande ist. Würde man Muschg folgen, so verkündete Trakl »wie Cassandra die Allgegenwart des Verfalls ...«;[49] Benn aber, dem Trakl gewiß an lyrischem

Rang überlegen war, ist ein »intellektueller Narkotiker, leugnet jeden Zusammenhang mit der Vergangenheit, mit der Gesellschaft, mit der Moral«; bei ihm »entblößt sich schamlos der Hungertod einer ganzen Zeit und findet sich sehenswürdig«.[50] Es ist noch nie recht gewesen, der Hungernden zu spotten, und der Hunger nach dem gültigen Wort ist nicht der geringste. »Überall wohin ich sehe, bedarf es eines Wortes, um zu leben«,[51] schrieb der junge Arzt Benn im Jahre 1914, und es war eine echte Wahrheitsliebe, die ihn gegen den Herrn einnahm, »der das Hauptwort handhabt wie ein Messer, mit dem er Fische frißt«.[52] Benn spricht in jenem Gedicht und sonst so negativ, er spricht in der Umkehrung, um überhaupt sprechen zu können. Inmitten von Dürer-Bund und billigen Klassikerausgaben hatte die Generation von 1886/87 die Wahrheit der Keats'schen Worte erfahren:

Every thing is spoilt by use:
Where's the cheek that doth not fade,
Too much gazed at? Where's the maid
Whose lip mature is ever new?
Where's the eye, however blue,
Doth not weary? Where's the face
One would meet in every place?
Where's the voice, however soft,
One would hear so very oft?
At a touch sweet Pleasure melteth
Like to bubbles when rain pelteth. [53]

Nichts anderes meinte Goethe mit dem Vorgang, da sich »der Zeitgehalt erschöpft und die Sprache zugleich«. Die geschichtlich gewachsenen Ausdrücke standen auch für das mäßige Talent als verfügbare Phrasen bereit.[54]

Die Sprachnot des sogenannten Expressionismus erwächst aus der langen Geschichte der Bilder, die sich verbraucht haben und all der Gefühle, für die sich seit der Romantik gar zu leicht ein Ausdruck darbietet. Das Positive erweist sich als hohl, es überredet und gilt nicht mehr, und der *Ausweg* Heines ist nicht mehr gangbar. Der Name des Zyklus »Morgue« hat nicht nur, vordergründig, mit dem

Sektionstisch als dem Schauplatz der Verse von der schönen Jugend zu tun; auch ist nicht nur von einem aus dem Wasser gezogenen Mädchen die Rede. In dem makabren Bild ist die ganze Fragwürdigkeit einer erschütterten Kultur enthalten, die das Auge des Dichters erkennt, kurz bevor der Gang der Geschichte sie als solche enthüllt. »Schmunzel heißt das Vieh, gekalbt von Mutter Behaglichkeit, geborenen Bildungsgut.«[55] Eben die Bilder und Mythen waren Bildungsgut geworden:

> ... wohin man blickte, alles ein öffentlicher Mißstand, Faust wurde Nebbich, Don Juan Condomfabrikant, Ahasver lernte Rhönflüge, die Mythe des Menschen schrie nach Exekution.[56]

Man hat sich inzwischen, mit Angst und Zerfall halb notgedrungen kokettierend, an eine solche Ausdrucksweise gewöhnt. Sie ist zu einer Mode geworden, die den Blick auf die Tatsachen verstellt, welche sich in der »Schönen Jugend« ausgedrückt finden. Damals, in der Sicherheit des wilhelminischen Deutschland, bedurfte es vor allen historischen Katastrophen eines wachen Sinns und vielleicht der Kenntnis von Nietzsche und Burckhardt, um das Unheil des Geistes zu empfinden und zu enthüllen.

Für den Dichter ist dieses Unheil vor allem Unheil von Wort und Bild. Vor dem Nachdenken über die Möglichkeiten einer Kulturkatastrophe stand die bedrohliche Entdeckung, daß das Wort entgleiten wolle. Nur wenn ich *sagen* kann, wer ich bin und wo, bin ich eigentlich Mensch. Nur wenn ich Mensch bin, habe ich die Sicherheit zu sagen. So entstehen beim jungen Benn Formulierungen wie »Wer bist du – alle Mythen zerrinnen.«[57] Die alten Bilder entgleiten, und mit ihnen eine besondere Form des Weltverständnisses, das die Dichtung uns zu geben imstande ist. »Wort ungesund«;[58] und das trifft die Dinge der Welt mit:

> Dich öffnet nun nichts mehr, dir gibt nichts mehr die Dinge heim so weichen Fells, kaninchensüß ... O Rosen-Letztes und Levkojen-Welle, und Holz und Erde, alles ist vertilgt, es schweigt um dich, wie nie es schwieg: die Menschen, Götter und die Sterne ...[59]

Es ist eben der Zusammenhang mit der Vergangenheit und der Moral, der einen jungen Dichter zu solchen Worten greifen läßt. Die alten Bilder erscheinen ihm nur noch als abgegriffene Chiffren, welche entweder für nichtige Gefühle stehen oder ohne den Zusammenhang wahrhaft erfahrener Wirklichkeit gebraucht werden. Alles dient dazu, so elementaren Worten wie *Nest, Laube, schöne Jugend* die eigentliche Meinung zu nehmen. Indem sie nichts mehr oder nur noch bloßgelegte Natur meinen, ist die Deckung von Wort und Wahrheit in Frage gestellt.

Wo wir auch bei dem jungen Benn hinsehen, klingen die Gründe an, die zu diesem Sachverhalt geführt haben. »Er sei keinem Ding mehr gegenüber ... äußerte er einmal; lag fast ununterbrochen und rührte sich kaum[60] ... wer ist so geknechtet von den Dingen nach Zusammenhang als ich ...«[61] Oder er wandelt Geibels – von Heine entlehnten – Vers »Das Lied, das Lied hat Flügel« ab:

> ... *das Lied, das Lied hat Flügel,*
> *wies durch den Garten zieht,*
> *wo man vom Flaggenhügel*
> *die Handelskammer sieht.*[62]

Als Lieblingsbeispiel der zum reproduzierbaren Bildungsgut gewordenen Poesie benutzt er »einen gewissen Firnenschnee und das bekannte große Leuchten«.[63] Dem allen liegt die Erkenntnis zugrunde, daß sich etwas Wesentliches im Verhältnis von Wort und Sache geändert hat. 1916 setzt Benn der Erzählung »Querschnitt« ein Motto voraus, das im Text noch einmal gesperrt gedruckt wiederkehrt; die ihm so wichtige Stelle heißt: »weil alles kürzer ist als das Wort und die Lippe, die es will sagen, weil alles über seinen Rand zerbricht, zu tief geschwellt von der Vermischung«.[64] Das Gefäß der Sprache ist zerbrochen, das Wort nimmt das Ding nicht mehr auf, und es ist schwer geworden, das zu Sagende zu sagen. Der Mangel an Unterscheidung trifft die Bilder, in denen vordem Wort, Ding und der Mensch, der »es will sagen«, zur Übereinstimmung kamen. Es ist eine Frage der Redlichkeit, ob man sich der alten Mittel weiter bedient:

Dann wollte er sich etwas Bildhaftes zurufen, aber es mißlang. Dies wie-
der fand er bedeutungsvoll und zukunftsträchtig: vielleicht sei schon die
Metapher ein Fluchtversuch, eine Art Vision und ein Mangel an Treue. [65]

Im Grunde haben Georg Trakl und Gottfried Benn nur zwei Möglichkeiten verwirklicht, die seit dem Schwinden des klassischen Bildes schon vorgezeichnet waren. Trakl war der unmittelbarere Dichter; er hatte in sich ein »infernalisches Chaos von Rhythmen und
Bildern«,[66] die er verabsolutierte. Die Bilder bleiben bestehen, aber
das Spiel mit ihnen geschieht nicht mehr im Hinblick auf die Wirklichkeit. Der Optimismus des romantischen Mythologieentwurfs,
der Hölderlin zur Chiffrierung führte, ist ferne. Mehr hallt von der
sinnlichen Musik Brentanos nach, von der Vereinzelung seiner
Chiffren, die zusammen ein geheimnisvolles Ganzes bewirken; aber
es schiffen nicht mehr goldene Kähne im himmlischen See, und das
Individuum findet sich nicht mehr in warmer Fühlung mit dem Unendlichen: »... und da ich mit silbernen Fingern mich über die
schweigenden Wasser bog, sah ich, daß mich mein Antlitz verlassen.«[67]

Benn geht den anderen möglichen Weg, den der Zurücknahme.
Er verschweigt das historische Bild und die überlieferte Sprache. Er
öffnet die verdorbenen Ohren mit einem Schock und reduziert die
Wirklichkeit auf sich selber. Er will gar nicht mehr »aussagen«, oder
er behauptet, es nicht mehr zu wollen. Er erinnert sich des Spieles,
das Trakl aus Instinkt betreibt, und aus der Poesie wird Operation:

Er wandte sich wieder dem Kranken zu, und über seine Hände strömte es,
Schnitt für Schnitt. Nahm er die Schere, griff er das Glied, es war ein Mi-
schen und Sichtrennen, es war ein Stellen von Gebärden und ein Spiel im
Schatten, wo die Glücke stehn. [68]

»... Ein Stellen von Gebärden und ein Spiel im Schatten ...« Es ist
gewiß besser, sich die naheliegenden Parallelen zur bildenden Kunst
zu versagen. Allzu leicht würde der Eindruck einer historischen Ge-
setzlichkeit entstehen, die die Unergründlichkeit der Geschichte
verdeckt. Benn selbst drang damals zuweilen zu allgemeineren Erwägungen vor:

was war geschehen? Welches war der Weg der Menschheit gewesen bis hierher? Sie hatte Ordnung herstellen wollen in etwas, das hätte Spiel bleiben sollen. Aber schließlich war es doch Spiel geblieben, denn nichts war wirklich. War er wirklich? Nein; nur alles möglich, das war er. [69]

Man kann diesen Gedanken der vollkommenen Potentialität erweitern; er ist ein ständiger Zug geschichtlichen Lebens, und er tritt nirgendwo so hervor, wie in den Künsten. Niemand weiß, was sich morgen zu verwirklichen anschickt. Die wenigen zusammenhängenden Kapitel aus der Geschichte des lyrischen Bildes sind erst richtig zu lesen, wenn man sich der fehlenden erinnert: es wäre schlecht bestellt um eine historische These, wenn sie ganz aufginge. Zu der Zeit, da Heine nach Worten ringt, blüht fern von aller Sprachnot in der Fülle der Bilder Mörikes Poesie. Ohne die Erinnerung an das schöne Wort Carl Justis verginge der Mut zu aller Darstellung geistesgeschichtlicher Zusammenhänge:

Wie die Materie und die Kraft kein Werden und Vergehen kennt, so ist in der Geschichte, wissenschaftlich betrachtet, nichts von Blüte und Verfall, auch Perioden und Begriffe existieren nicht in ihr, was wir Blüte nennen, ist oft der Anfang des Endes, was wir Verfall nennen, der Keim neuen Lebens, und der Strom des Geschehens und der Kausalität steht nie stille. [70]

Trakl sagt es dichterischer:

... unter alten Zypressen
Sind der Tränen nächtige Bilder zum Quell versammelt;
Goldenes Auge des Anbeginns, dunkle Geduld der Endes. [71]

Das Nichts gegenüber
Der junge Brecht

Vor genau vierzig Jahren erschien in Berlin ein Buch, auf dessen Titelblatt stand: »Bertolt Brecht Hauspostille. Mit Anleitungen, Gesangsnoten und einem Anhange«. Kein Jahrzehnt später schrieb Walter Benjamin, auf der Flucht aus Paris an einen Freund, daß zwei Verluste aus seiner zurückgelassenen, berühmten Bibliothek ihn besonders schmerzten. Der eine sei Kafkas Prozeß; das »andere unverschmerzbare Stück – Brechts »Hauspostille« im ersten Druck, von dem es nur 25 Stück gibt ...«[1] Das ist eine sehr gegensätzliche Vorliebe, und die Frage mag erlaubt sein, was den großen Kritiker, dessen Gedanken über die barocke Allegorie und über Goethes Wahlverwandtschaften jetzt erst wirksam werden, zu seinem Zeitgenossen gezogen hat. Es gibt allerlei Zeugnisse dafür, und in einem findet sich der Satz:

> Wie ..., wenn man, den Stier bei den Hörnern packend und des besonderen Umstandes eingedenk, der der Schwierigkeit, heute Lyrik zu lesen, genau entspricht: der Schwierigkeit nämlich, Lyrik heut zu verfassen – wie wenn man eine heutige lyrische Sammlung dem Unternehmen zugrunde legte, Lyrisches wie einen klassischen Text zu lesen?[2]

Diesem im Hinblick auf die Gedichte Brechts gegebenen Rat sei hier nochmals zu folgen gesucht, nicht aus der Nähe der Mitlebenden, sondern aus der Entfernung bald eines halben Jahrhunderts.

Aber kaum entschließt man sich zu solchem Verfahren, gesellt sich zu Benjamins Schwierigkeiten, heute Gedichte zu lesen und heute Gedichte zu verfassen eine weitere, aus beiden hervorgehende. Wie denn liest man einen klassischen Text? Las man ihn leichter? Dafür gibt es klassische Hinweise:

> Was von meinen Arbeiten, so sagte Goethe, durchaus und so auch von den kleineren Gedichten gilt, ist, daß sie alle, durch mehr oder minder be-

deutende Gelegenheit aufgeregt, im unmittelbaren Anschauen irgend ei-
nes Gegenstandes verfaßt worden, deßhalb sie sich nicht gleichen, darin
jedoch übereinkommen, daß bei besonderen äußeren, oft gewöhnlichen
Umständen ein Allgemeines, Inneres, Höheres dem Dichter vorschwebte.

Und er fügte einen Wink für Leser an:

Weil nun aber demjenigen, der eine Erklärung meiner Gedichte unter-
nimmt, jene eigentlichen, im Gedicht nur angedeuteten Anlässe nicht be-
kannt sein können, so wird er den innern, höhern, faßlichern Sinn vorwal-
ten lassen ... [3]

In diesen Sätzen sind die Goetheschen Vorstellungen von Lyrik versammelt, umfassender, als sich hier sagen läßt. Wollte man sie auf
eine kurze Formel bringen, so müßte sie etwa lauten: das klassische
Gedicht objektiviert einen vergänglichen Anlaß, besondere Umstände, welche den Dichter zum Gedicht aufregten; er mag sich eines ge-
ringen Gegenstands bedienen, aber es ist immer ein wirklicher, angeschauter (oft die Natur) und jedenfalls ein bedeutender; einer also, dessen gewöhnliche, augenblickliche Erscheinung ein allgemeines Gesetz als einen einsichtigen Sinn offenbart. Man könnte, Goe-
the-Worte abwandelnd, dasselbe auf vielerlei Weise formulieren. Am
Gegenstand des Gedichtes konkretisiert sich das Individuelle und
deutet aufs Allgemeine; oder anders: das Gefühl kommt in der Anschauung zur Einsicht, der erlebte Moment wird bedeutend durch
den Gegenstand, der ihn erfahrbar (und im Gedicht wieder erfahrbar) macht. Dabei sind weder der Moment des erregten Ich noch
der Gegenstand oder der höhere faßliche Sinn jeweils vorwiegender
Zweck der Poesie. Vielmehr ermöglichen sie sich aneinander und
heben sich in den höchsten Produktionen auf vollkommene Weise
auf. Wir empfinden ein solches Gleichgewicht als schön und nennen
es »klassisch«.

Das ganze 19. Jahrhundert hat von diesen Vorstellungen gezehrt,
und bis heute wird man auf den Kathedern nicht müde, Goethes
Empfehlung zu folgen und, wenn schon die Anlässe der Poesie (man
hat für sie die Vokabel vom »lyrischen Ich«) nicht faßlich werden,
wenigstens ihrem Sinn nachzutrachten. Lesen wir also Verse des
jungen Brecht als klassischen Text:

Lied der Schwestern

In den finstern Wäldern, sagt man
Wächst er auf wie fremdes, sanftes Vieh.
Viele Männer kamen von den Wäldern.

Aber aus den Wäldern kam er nie.
Und man sagte uns: in jenen Feldern
Mit den Bäumen wächst er sanft und still.
Aber viele kamen von den Feldern. Keiner
Der uns seinen Ort verraten will.

In den Städten, sagt man, leben viele.
Und in Höfen sieht man viele stehn.
Viele fragten wir, die dorther kamen:
Aber keiner hatte ihn gesehn.

Seitdem denken wir: in weißen Wolken
Gibt es oft ein sonderbares Licht.
Vielleicht sehen wir einst in den Wolken
Weiß, vom Wind verwehet, sein Gesicht. [4]

Lieder – so hieß die Abteilung, mit der Goethe die Sammlung seiner Gedichte eröffnete und die das meiste an Persönlichem, das meiste an heiterer Natur enthielt. *Lied* heißt auch dies scheinbar einfache Gedicht, und anschauliche Natur scheint auf den ersten Blick nicht zu mangeln – *Wälder, Felder, Bäume, Wind* und *Wolken* sind gegenwärtig, ein Katalog einfacher lyrischer Naturwörter, der seine Wirkung nicht verfehlt. Aber wer spricht? Es ist kein Ich, sondern ein Wir – wer sind die *Schwestern*? Die Überschrift als integraler Teil des Gedichts, als das erste, was der Hörer hört, setzt das Rätsel, aber der Verlauf löst es nicht auf. Und zu der Frage, wer hier spreche oder singe, kommt sogleich die, wovon gesungen und gesprochen wird. Wer ist »Er« nach dem hier gefragt, auf den gewartet, über den gedacht wird?

Ein probates Mittel beim klassischen Gedicht angesichts solcher Schwierigkeit ist, sich des Ortes zu versichern, von dem her gesprochen wird, denn er bestimmt die Richtung des Blicks und die Perspektive in dem jedem Gedicht eigenen Zeitverlauf. Da stellt sich gleich heraus, daß die Verse nicht im unmittelbaren Anschaun eines

Gegenstandes verfaßt sind; vielmehr überspielt die Unmittelbarkeit ihrer Wirkung die Tatsache, daß es in den ersten drei der vier Strophen Verse vom Hörensagen sind: »In den finstern Wäldern, sagt man Wächst er auf wie fremdes, sanftes Vieh ...« Die Inversion »sagt man« im ersten Satz entfernt den, der da aufwächst in finstern Wäldern, in eine sagenhafte Ferne. Das Präsens »sagt man« spricht wie aus Überlieferung, gebrochen, und der so gebrochene lyrische Ton fährt, um das Hörensagen zu bekräftigen, mit scheinbar epischer Bestimmtheit fort: »Viele Männer kamen von den Wäldern. Aber aus den Wäldern kam er nie.«

Das ist Bericht und alles andere als die überquellende Rede, die man so gerne der Lyrik zuschreibt. Der Bericht scheint sicherer zu werden. Die zweite Strophe nimmt die Wendung wieder auf, im abgeschlossenen Präteritum: »Und man sagte uns: in jenen Feldern Mit den Bäumen wächst er ...« Zur allgemeinen Sage tritt vorgegebene Tatsächlichkeit. Von den vielen, die von den Feldern kamen, will nur keiner etwas verraten, ein Wort, welches auf geheimes Wissen deutet. Die dritte Strophe nimmt das »sagt man« zum dritten Male auf, nun von einem unzweifelhaften Sachverhalt sprechend: »In den Städten, sagt man, leben viele.« Die Unzweifelhaftigkeit strahlt aus auf die Antwort der befragten Vielen: »... keiner hatte ihn gesehn.« Ein achselzuckendes *Kenne ihn nicht.*

Die drei ersten Strophen sind also eng verbunden, nicht nur weil sich ein enges Netz abgewandelter und wiederholter Wörter und Wendungen über sie spannt; sie haben die gleiche Grundfigur, indem eine jede der anonymen Position des »sagt man« die Negation des Kollektiven »Viele ... Aber keiner« entgegensetzt. Und dazu tritt eine sehr subtile zeitliche Wirkung, die – wie stets bei Poesie – ein erstes Hören zwar wahrnehmen, aber erst genauere Betrachtung bewußt machen kann. »In den finstern Wäldern, sagt man Wächst er ...« das ist ein sagenhaftes Präsens, in eine nicht absehbare Zeit sanften Wachstums zurückreichend, ein praesens mythicum, bekräftigt durch die vielen Männer, die von einer sicheren Ungewißheit Zeugnis geben. In der zweiten Strophe wird die Unsicherheit geringer, durch den bloßen Wechsel der Inversion im Präsens zu dem Aussagesatz im definitiven Präteritum: »Und man sagte uns«. Die Greifbarkeit dessen, was Hörensagen war, ist zeitlich näher gerückt: »Keiner Der uns seinen Ort verraten will.« In der dritten Strophe schließlich scheint die Zeitbewegung auf eine reale Gegenwart hinauszulaufen. Das beharrliche Fragen – »Viele fragten wir« – ist zu einem augenblicklichen Haltepunkt gekommen – »Aber keiner hatte ihn gesehn.« Aus der sicheren Ungewißheit ist eine unsichere Gewißheit geworden. Eine einfache Sprache scheint alles genau zu bezeichnen; aber die Genauigkeit ist nicht zu fassen – die – mit Goethe zu reden – Gelegenheit des Gedichts entzieht sich wie seine Umstände; wie es anhaltend spielt zwischen »sagt man« und »sieht man«, zwischen der allzu gegenwärtigen Evidenz des »In den Städten sagt man, leben viele« und dem allzu gewissen Präteritum. »Aber keiner hatte ihn gesehn«; so realisiert es sich überhaupt in einem außerordentlichen Widerspiel zwischen Vagheit und Genauigkeit, das in der letzten Strophe seinen Höhepunkt findet.

Denn auch das so bestimmt gesagte »Seitdem denken wir« ist alles andere als bestimmbar. Der Zeitpunkt, von dem das *Seitdem* ausgeht, oszilliert in dem vom Gedicht eröffneten Raum halbmythischer Vergangenheit und halbgewisser Gegenwart. Und was die unbestimmbaren Schwestern *denken,* ist in Wirklichkeit ein Hoffen, abgeleitet von dem so realen sonderbaren, diffusen Licht in den von Brecht so geliebten weißen Wolken. Es gibt es *oft,* hören wir. Aber solche Erfahrung schlägt um in die vage Erwartung des *Vielleicht* und *einst* : »Vielleicht sehen wir einst in den Wolken Weiß, vom Wind verweht, sein Gesicht.« Selbst wenn sich die Konstellation ergäbe, die solche Hoffnung erfüllt: sie würde wieder ins Widersprüchlich-Ungewisse führen. Der irdisch ungewiß blieb, wird am Himmel vielleicht gesehen, wenn nicht er, so sein Gesicht. Das Antlitz bezeichnet das Bestimmteste, die eigentümlichsten Züge einer Person; *sehen* wäre der gewisseste Akt des Wahrnehmens. Aber in einem einzigen großen Oxymoron wird all dies fortgenommen, es wäre ein verwehtes Gesicht, also gar keines; das Adjektiv *weiß* steht ἀπὸ κοινοῦ, unbestimmt, ob es zum erhofften Antlitz oder den sonderbaren Wolken gehört. Am Anfang schien es, als ob das Gedicht, als ob der Erwartete einen Ort habe: Wälder; Felder; Städte. Am Ende blicken wir in einen ortlosen Ort; die Hoffnungen sind in den Wind geschlagen; es ist mit dem Ganzen wie in dem Epigramm »Über die Städte« in der Hauspostille: »In ihnen ist nichts, und über ihnen ist Rauch.«[5] Wenn ein faßlicher, höherer, innerer Sinn vorwaltet, so ist es dieser sinnlose. Das anfänglich so sinnfällig eingehende Gedicht wird immer hermetischer, aber indem es nichts verbirgt, enthüllt es Nichts.

Der Leser also, der nach Goethes Anweisung verfährt und, wie beim klassischen Poem, da ihm die angedeuteten Anlässe nicht greifbar werden, nach dem höheren Sinn fragt, trägt keinen davon. Und der andere Goethesche Grundsatz, »daß man sich bei Auslegung von Dichtern immer zwischen dem Wirklichen und Ideellen zu halten habe«[6], führt uns schnell zu der Erkenntnis, daß das Wirkliche flüchtig und das Ideelle nichtig sei. Oder, mit den Worten der Hauspostille in deren 1. Psalm: »Über der Welt sind die Wolken, sie gehören zur Welt. Über den Wolken ist nichts.«[7] Wer den jungen Brecht kennt, wird weitere Beispiele leicht hinzufügen können, eines eindringlicher als das andere; von Menschen in der »Ballade vom Tod der Anna Gewölkegesicht«:

Einmal sieht er noch ihr Gesicht: in der Wolke!
Es verblaßte schon sehr. Da er allzu lang blieb ...
Einmal hörte er noch, fern im Wind, ihre Stimme
Sehr weit in dem Wind, in dem die Wolke hintrieb ...

Aber in späteren Jahren verblieben
Ihm nur mehr Wolke und Wind, und die
Fingen an zu schweigen wie jene
Und fingen an zu vergehen wie sie.[8]

Oder die berühmten Verse »Vom Armen B. B.«:

Von diesen Städten wird bleiben: der durch sie hindurchging, der Wind!
Fröhlich machet das Haus den Esser: er leert es.
Wir wissen, daß wir Vorläufige sind
Und nach uns wird kommen: nichts Nennenswertes.[9]

Aber unser Versuch, das Gedicht wie ein klassisches zu lesen, ist noch nicht am Ende. Insofern es sich weder im »unmittelbaren Anschauen irgend eines Gegenstandes« realisiert noch auch »einen höhern, faßlichern Sinn vorwalten läßt«, den man früher Idee zu nennen pflegte, ist es unklassisch. Aber indem es keinen »Sinn« aussprechlich macht, ist es doch nicht sinnlos; und die Tatsache, daß seine Organisation anders ist als die klassischer Poesie, heißt noch lange nicht, es sei kunstlos. Als ein modernes Gedicht kann es nicht davon ausgehen, daß die Welt zusammenhängend und unendlich deutbar sei und die Kunst ihr schöner Spiegel, darin sich alles wiederfindet, wenn auch in einem dunklen Wort. Es beginnt nicht, wie die »Zueignung«, mit dem faßlichen lyrischen Moment:

Der Morgen kam: es scheuchten seine Tritte
Den leisen Schlaf, der mich gelind umfing ... [10]

um aus ihm jenes höchste Geschenk hervorgehen zu lassen

Aus Morgenduft gewebt und Sonnenklarheit,
Der Dichtung Schleier aus der Hand der Wahrheit. [11]

Es ist vielmehr, so wollen wir uns vorläufig behelfen, ein nihilistisches Gedicht. Dabei ist nihilistisch etwas anderes, als schlichte Gemüter im Westen Deutschlands meinen, welche dafür angesichts moderner Kunst das dem Wörterbuch des Unmenschen entstammende Wort »zersetzend« haben; es ist auch etwas anderes, als die nicht minder dogmatischen Gemüter im Osten Deutschlands meinen, wenn sie, mit ähnlichen Erscheinungen konfrontiert, von »bürgerlichem Nihilismus« reden. Es ist vielmehr ein vom Dichter ausgesprochener Zustand des Zeitalters, den Friedrich Nietzsche als der schärfste Diagnostiker der Moderne gemeint hat, wenn er davon sprach, es entstehe

die letzte Form des Nihilismus, welche den Unglauben an eine metaphysi-
sche Welt in sich schließt, – welche sich den Glauben an eine wahre Welt
verbietet ... Kurz: die Kategorien »Zweck«, »Einheit«, »Sein«, mit denen
wir der Welt einen Wert eingelegt haben, werden wieder von uns herausge-
zogen – und nun sieht die Welt wertlos aus ... [12]

Oder, wie es der etwa zweiundzwanzigjährige Brecht sagte:

Der Nachgeborene

Ich gestehe es: ich
Habe keine Hoffnung.

Die Blinden reden von einem Ausweg. Ich
Sehe.

Wenn die Irrtümer verbraucht sind
Sitzt als letzter Gesellschafter
Uns das Nichts gegenüber. [13]

»Die Blinden reden von einem Ausweg. Ich Sehe.« Dies alles
konnte für die Poesie, konnte für die Dichter nicht gleichgültig sein.
Wenn die Blinden reden, so legt sich der Sehende Schweigen auf.
Spricht er dennoch, so auf eine Weise, welche sich Auswege verbietet. Und das war in der nachklassischen Zeit immer schwerer geworden, nicht allein aus den von Nietzsche benannten Gründen, sondern auch aus solchen, die in der Geschichte der Poesie selbst enthalten sind. Wenn der Welt-Zusammenhang suspekt wurde, die
Wahrheit zweifelhaft, so entfiel auch der poetische Zusammenhang,
der nach der klassischen Ästhetik durch jene beiden evident wurde;
die Schönheit wurde verdächtig, als welche sie zur Erscheinung kamen. Und in den Kreis der Verdächtigen einbezogen wurden die Bilder und die Worte, die Themen und die Formen, in denen Poesie
sich seit langem verwirklicht hatte. Nietzsches Zeitgenosse Geibel
wollte klassische und schöne Verse schreiben, aber sie waren nicht
mehr wahr. Die Naturalisten wollten wahr schreiben, aber – in
Deutschland wenigstens – sie schrieben nicht schön. Es schien, als
ob Heines – von mir vor langer Zeit an anderer Stelle schon einmal
zitierte – Verse recht behalten sollten:

… Lieder und Sterne und Blümelein,
und Äuglein und Mondglanz und Sonnenschein,
Wie sehr das Zeug auch gefällt,
So macht's doch noch lang' keine Welt. [14]

Vom Standpunkt der bedeutenden Lyrik um die Jahrhundertwende
und der ersten Jahrzehnte unseres Jahrhunderts müßte die letzte
Zeile prosaisch heißen: so ist es schon lang keine Welt mehr, jedenfalls keine wahre und keine gegenwärtige Poesie.

Es ist hier nicht davon zu sprechen, wie die anderen Dichter dieser Lage begegneten. Hofmannsthal, indem er sich der Verführung

seiner meisterhaften lyrischen Rede früh enthielt; Trakl, indem er mit traurig-schönen Zeichen das Geheimnis eines verlorenen Zusammenhangs umspielte; der junge Benn, indem er die falsche Schönheit mit der klinischen Wirklichkeit aufhob; und dann all die geringeren Expressionisten, die das Entbehrte und Entgangene durch Neologismen und Lautstärke ersetzten; oder diejenigen, die den Zusammenhang selbst mit Bildern und Kombinationen vorbrachten, welche nur noch Spiel waren. Sie alle handelten, das möge man nicht überhören, aus Wahrheitsliebe, und weil die Überlieferung nicht mehr galt, so suchten sie neben den hergebrachten Bildern und Formen auch den gewohnten Regeln der deutschen Sprache zu entkommen. Von all dem kann beim jungen Brecht nicht die Rede sein. Seine Sprache scheint so klar und durchsichtig, wie sie es (nicht zuletzt in der Prosa) immer geblieben ist; sie lebt in der sprachlichen Überlieferung. Sie scheint so unverbraucht, als ob Heine jene Verse und Hofmannsthal den Chandos-Brief nie geschrieben hätten. Und wer der Betrachtung des »Lieds der Schwestern« aufmerksam gefolgt ist, wird mit der Folgerung nicht ganz glücklich gewesen sein, daß hier Nichts zur Sprache komme. Eines jedenfalls ging aus der Enttäuschung hervor: ein Gedicht, das etwas ist, schön und ganz überdies, neu und nicht abgenutzt, auf welche Weise?

In den dreißiger Jahren hat Brecht einmal mit der Überschrift »Über Fortschritte« rückblickend Notizen aufgeschrieben.

> *Es befriedigt mich, die Fortschritte, die ich erzielt zu haben glaubte, als auf dem Rückzug erfochten mir vorzustellen ... Ich begann z. B. mit den einfachsten, gewöhnlichsten Arten der Lyrik, dem Bänkelsang und der Ballade, Formen, welche von den besseren Dichtern schon längst nicht mehr gepflegt wurden. Ich zog mich zurück auf den freien Vers, als der Reim nicht mehr ausreichte für das, was zu sagen war ... Ich gab das Alte, bei aller Liebe zum Neuen, nicht ohne zähes Daranfesthalten bis zum Scheitern auf.* [15]

Man kann den Rückzug im »Lied der Schwestern« – das manches Balladeske enthält – so wie in den anderen Gedichten verfolgen; es ist die Umkehrung des Benjaminschen Ratschlages, das moderne wie ein klassisches zu lesen. Welche Positionen behielt der Dichter, welche neuen gewann er, indem er alte aufgab? Er behält die Bilder der Natur und die ursprünglichen Emotionen, die sie im Hören hervorrufen können; aber er gibt das klassisch-romantische Verfahren auf, das die Grenze zwischen Anschauung (oder wie immer man poetische Vergegenwärtigung sinnfälliger Dinge nennen mag) und evozierter Emotion aufhebt; »Stimmung« gibt es nicht bei Brecht, und zwar, paradox gesagt, damit überhaupt noch Gestimmtheit ermöglicht wird. Anders gesagt: damit den so abgenutzten Erscheinungen einer poetisch gebrauchten Natur wirksame Glaubwürdigkeit zurückgewonnen wird, die schon Heine vermißt hatte. Brecht tut das schon früh, lang ehe er Theorien dafür hatte, indem er die Sphäre des Sprechens von der Sphäre der Emotion trennt.

Das ist die Aufgabe des wiederkehrenden *sagt man* im »Lied der Schwestern«; das ist die Funktion des bei diesem Dichter nie fehlenden Wechsels von Evokation und Ernüchterung. Um die Sache zunächst zu simplifizieren: würde das Lied nur sprechen: »In den finstern Wäldern ... in den Feldern Mit den Bäumen ... in weißen Wolken«, so hätte es sich nicht von der überlieferten Naturlyrik zurückgezogen und müßte das ganze Gewicht langer Tradition und alle von ihr bewirkte Abnutzung in Kauf nehmen; statt dessen behält es zwar die alten Bilder (Brecht operiert mit fast dem ganzen schmalen Katalog der Erscheinungen, die Hugo Friedrich lyrische Urpotenzen nennt), aber er isoliert sie und gibt sie sich damit gleichsam neu zurück. Das *sagt man* und *denken wir* distanziert die Erscheinung von der Wirkung, die – anonymen – Sprechenden von der Erfahrung, den Hörer von der sogenannten Stimmung, und setzt diese so wieder ein in ihre alten Rechte, allerdings nicht mehr auf die alte Weise und zu den alten Zwecken. Es ist dies eine teilweise Erklärung für die wirkungsvolle Erneuerung eines von den Zeitgenossen längst zu den Akten gelegten klassisch-romantischen Vokabulars.

Der junge Brecht hat dafür viele Mittel; eines, das nicht in unsern Zusammenhang gehört, ist die Veränderung der wörtlichen Perspektive durch den Gesang. Seit Jahrhunderten hatte man – sieht man vom Kirchenlied ab – das in frühen Zeiten selbstverständliche Verfahren aufgegeben, das der Augsburger Primaner wieder aufnahm, beim Verfassen von Gedichten den die Worte verändernden Gesang sogleich mitzudenken. Aber uns interessieren hier die Mittel, die der Wortlaut selbst enthält. Eines ist die Nötigung zur Reflexion. In der »Hauspostille« stehen Gedichte mit Überschriften, welche die Mitteilung von Erfahrungen versprechen; etwa: »Vom Klettern in Bäumen« und »Vom Schwimmen in Seen und Flüssen«. Die erste Strophe des ersten:

1

Wenn ihr aus eurem Wasser steigt am Abend –
Denn ihr müßt nackt sein, und die Haut muß weich sein –
Dann steigt auch noch auf eure großen Bäume
Bei leichtem Wind. Auch soll der Himmel bleich sein.
Sucht große Bäume, die am Abend schwarz
und langsam ihre Wipfel wiegen, aus!
Und wartet auf die Nacht in ihrem Laub
Und um die Stirne Mahr und Fledermaus! [16]

»Vom Klettern in Bäumen« ist ein traktathafter Titel, wie man ihn bei allgemeinen Gegenständen benutzen mag und nicht bei einem derart überraschenden, eigentlich zwecklosen Erfahrungsbereich. Aber das theoretische Versprechen der Überschrift ermöglicht die lyrische Einlösung. Es sind wirksame Verse, und ihre Wirkwörter sind wieder die geläufigsten aller Lyrik: *Abend – Bäume – Wind – Wipfel – bleich – nackt – schwarz – Nacht* ; es ist ein Arsenal, aus dessen Potenzen etwa ein so unmittelbares Gedicht wie »Willkommen und Abschied« lebt. Brecht vermittelt sie, weil sie unvermittelt nicht mehr möglich sind. Kein Ich findet sich hier im Moment inniger Naturerfahrung, um sich in ihr, den Hörer einbeziehend, mitzuteilen. Statt dessen erfolgt eine Art Didaxis, eine Anweisung wird erteilt. Die außerordentliche Sinnfälligkeit der Verse wird erst dem Wechsel zwischen Nüchternheit und sinnlicher Evokation verdankt. Der erste Satz »Wenn ihr aus eurem Wasser steigt am Abend« könnte gleichsam noch Lyrik alter Tonart und das *Wenn* eine bloße Zeitbestimmung sein. Aber es ist das iterative und konditionelle »immer wenn«, und die lyrisch-evokativen Wirkungen werden sogleich durch ein begründendes (allerdings auch neue Reize ermöglichendes) *Denn* unterbrochen, dem die neue theoretische Anweisung »Dann steigt auch noch« folgt. Das Lyrische findet sich also vermittelt, indem Erfahrung in Empfehlung verwandelt wird.

Sucht große Bäume, die am Abend schwarz
Und langsam ihre Wipfel wiegen, aus!

Es wird immer wieder begrenzt oder gebrochen; in den eben zitierten Versen durch die Einklammerung, welche das anweisende
Sucht die lyrische Folge eröffnen läßt, während das vom Verbum
getrennte weit nachgestellte Präfix *aus!* sie abschließt. Dazu kommt
die Tatsache, daß die derart im Gedicht erneuerte – und einem jeden
nachvollziehbare – »Stimmung« eigentlich unmöglich ist, so möglich wie heute die in ihr mitwirkenden folkloristischen Anspielungen. Das Ganze ist nämlich bedingt durch schwer erfüllbare Konstellationen, so wie wenn früher die arme Magd in bestimmter
Nacht, bei bestimmtem Mond, zu bestimmter Zeit nackend vorge-
schriebene Riten vollzog, um vielleicht das Bild des Zukünftigen zu
sehen.

Wenn ihr ... am Abend ... – Denn ihr müßt ... und die Haut muß ... –
Dann steigt auch noch ... Bei leichtem Wind – Auch soll der Himmel –
Sucht große Bäume, die am Abend schwarz –

Und wartet auf die Nacht in ihrem Laub
Und um die Stirne Mahr und Fledermaus!

Im Gedicht wird das Unmögliche möglich, das Sinnliche reflektiert.
Wieder haben wir ein genau erscheinendes Ungenaues vor uns, ein
schönes Spiel mit den nicht mehr einem bedeutenden Sinn dienst-
baren Elementen der Realität. Der Zwecklosigkeit des Gegenstandes entspricht der Spielcharakter des ziellosen Kletterns *in* Bäumen. Und was in den Versen Empirie ist, tritt nicht als lyrisches Moment hervor, sondern in der Entfremdung der Lehre, die erst sekun-
där lyrisch wird, um ihre primären Wirkungen zurückzugewinnen.
Überall sind Widerstände eingebaut, Isolierungen vollzogen, Distan-
zen gesichert, in vollkommenem Gegensatz zu Goethes für die frühere Dichtung so erschließender Maxime:

Der lyrische Dichter ... soll irgend einen Gegenstand, einen Zustand oder
auch einen Hergang irgend eines bedeutenden Ereignisses dergestalt vor-
tragen, daß der Hörer vollkommen Antheil daran nehme und, verstrickt

durch einen solchen Vortrag, sich wie in einem Netz gefangen unmittelbar theilnehmend fühle.[17]

Um solche Verstrickung zu vermeiden, wendet der junge Brecht noch weitere Mittel an; ging es bislang um den Fortschritt, der im dialektischen Rückzug auf verschüttete lyrische Potenzen sichtbar wurde, so geht es auch darum, von Traditionen und Konventionen, von Geschichte und gesellschaftlichen Zuständen verschüttete Wirklichkeit freizusetzen. Das geschieht lange vor der Konversion zu den Lehren des dialektischen Materialismus; aber es geschieht um des gegenwärtigen Menschen willen. Es sind die nachdenkliche Distanz feststellenden, enthüllenden Mittel der Umkehrung, des Zitats und der Kontrafaktur. In der zweiten Lektion der Hauspostille, »Exerzitien oder geistige Übungen« genannt (Namen, die eine ganze Tradition herbeizitieren, um sie zu negieren), findet sich das »Lied der verderbten Unschuld beim Wäschefalten«. Es wird gut sein, sich der Brechtschen Leseanweisung für diese Abteilung zu erinnern: »Aus den darin verborgenen Sprüchen sowie unmittelbaren Hinweisen mag mancher Aufschluß über das Leben zu gewinnen sein.«[18] »Verborgene Sprüche« hatte es in der Poesie immer schon gegeben; sie zu entdecken war ein ästhetisches Vergnügen des gebildeten Lesers, sie abwandelnd zu nutzen, war das Recht des Dichters, solang es nicht den dürftigen Begriff der Originalität gab, den das 19. Jahrhundert uns für ein Weilchen beschert hat. Goethe (da wir ihn einmal als klassische Folie verwenden) hat z.B. in den »Römischen Elegien« eine Fülle von Anspielungen und Zitaten versteckt. Indem er bei Properz borgte, bezog er dessen Welt mit ein, einen ganzen geschichtlichen Raum; indem er den antiken Mythus in genau übersetzter ovidischer Wendung zitierte, machte er ihn in seinem Rom gegenwärtig. Es ging um die Evidenz von Zusammenhängen und die belebende Nutzung eines einmal unübertrefflich Gesagten in neuem Zusammenhang, dem die verborgenen Sprüche einverleibt waren.

Auch bei Brecht wird große Literatur bemüht, aber für die Lebensgeschichte eines armen Mädchens, das den Spruch seiner Mutter nicht wahr haben soll: »Sie sagte: wenn du einmal befleckt bist Wirst niemals mehr du rein.«[19] Das ist das ans Zitat grenzende Klischee einer bürgerlichen Moral, um deren Widerlegung es geht. Sie findet statt, indem jede Strophe des bänkelsängerisch balladesken Liedes in der ersten Hälfte die gefallene Unschuld sprechen läßt, und in der zweiten, deren Rede einen oft gnomischen Satz entgegensetzt, welcher in anderer Schrift, wie ein abgewandelter Refrain, vom Linnen spricht, das im Flusse gewaschen wird:

3

Bevor ich noch einen kannte
War ich gefallen schon.
Ich stank zum Himmel, wahrlich ein
Scharlachnes Babylon.

Das Linnen in dem Flusse
Geschwenkt in sanftem Kreis
Fühlet im Wellenkusse:
Jetzt werd ich sachte weiß. [20]

»Fühlet im Wellenkusse«, das ist eine Goethesche Redeweise.

Verbreite die Arme der kommenden Welle,
Und buhlerisch drückt sie die sehnende Brust;
Dann führt sie der Leichtsinn im Strome darnieder;
Es naht sich die zweite, sie streichelt mich wieder:
So fühl' ich die Freuden der wechselnden Lust. [21]

Das gefallene Mädchen aber (obgleich gewiß nicht so bibelfest wie Brecht es war) spricht, indem es Zitate aus der Apokalypse in lyrischem Lakonismus zusammenfaßt; sie machen das arme Ding aus Augsburg zur großen Hure von Babylon. Dies bemerken heißt schon wahrnehmen, daß es nicht um die Einbeziehung in einen Überlieferungshorizont geht wie beim klassischen Zitieren, sondern um dessen Negation. In der Offenbarung ist die Rede von der großen »Hure, die an vielen Wassern sitzt; ... bekleidet mit Purpur und Scharlach ... Das große Babylon ... ihre Sünden reichen bis an den Himmel.«[22] Daher stammen die Verse; indem sie aber den biblischen Bereich und den Goetheschen miteinander konfrontieren, machen sie bewußt, daß hier etwas nicht stimmt. »So fühl ich die Freuden der wechselnden Lust«, sagt der Beglückte bei Goethe, und voller Vorfreude: »Es küßt sich so süße die Lippe der Zweiten, Als kaum sich die Lippe der Ersten geküßt.«[23] Bei Brecht ist diese Freude allein dem unbelebten Ding vorbehalten, »Das Linnen in dem Flusse … Fühlet im Wellenkusse« als ob es menschlich wäre. Dem Menschen dagegen gaben sie »schlechte Namen, da ward ich ein schlechtes Ding«. Die durch Anspielung und Zitat eingebrachten Traditionen stimmen nicht, die Erfahrungssätze, auf die sie gebracht werden, erweisen sich als unanwendbar; die vorletzte Strophe:

6

Und wieder kam ein andrer
In einem andren Jahr.
Ich sah, als alles anders war
Daß ich eine andre war.

Tunk's in den Fluß und schwenk' es!
's gibt Sonne, Wind und Chlor!
Gebrauch es und verschenk es:
's wird frisch als wie zuvor! [24]

Die erste Strophenhälfte, in der sonst die Maßstäbe eben der Gesellschaft zur Sprache kamen, welche die Unschuld als eine Ware verderbt hat, zeigt einen Wandel »Ich sah, daß alles anders war …«; möglich wird das, indem der sonst ausgesprochene Gegensatz zur zweiten aufgehoben wird. Damit wird zugleich auf raffinierte Weise mit dem Mittel der literarischen Allusion der im Ganzen zur Sprache kommende Widerspruch aufgehoben. Bisher nämlich hatten sämtliche ersten Hälften angespielt auf die bürgerlich-christliche Tradition, welche den Verderb der Unschuld zur Ware verschuldet; sie benutzten dazu das Bibelzitat, das moralische Klischee, eine klischierte Wendung der Pastoraltheologie von den »schlechten Trieben«. Die Rondeaux hingegen spielten mit dem Bild des Flusses und der Reinigung, sehr alten Bildern. In der 6. Strophe ist das Verhältnis in Brechts Sinn richtiggestellt. »Ich sah, als alles anders war Daß ich eine andre war« – das ist (vergessen wir nicht, wie hoch dieser Dichter die Alten schätzte) das Heraklitische »man kann nicht zweimal in denselben Fluß steigen«.[25] Nun spricht die erste Hälfte vom belebten Wasser, der Fluß wird – wie von jeher für die Poesie – zur Figur sinnvollen Lebenslaufs. Was der Wäsche gilt, gilt erst recht dem Menschen, und damit die Sache auch ganz deutlich werde, wird nun im Rondel das verkehrte Zitat aus der christlichen Sphäre angebracht: »Tunk's in den Fluß und schwenk' es! 's gibt Sonne, Wind und Chlor!« Es weist durch Rhythmus und Abfolge auf das alte »Der Wolken, Luft und Winden gibt Wege Lauf und Bahn.« Aber der Akt der Reinigung findet nicht statt durch die Taufe im Wasser und die allertreuste Pflege des, der den Himmel lenkt, sondern durch »Sonne, Wind und Chlor«, wobei das letztere gleichermaßen für die Wäsche wie vom Amtsarzt gebraucht wird. Die Realität der säkularen Welt wird durch die poetische Vernichtung der Sprache überlieferter Frömmigkeit hergestellt.

Der junge Brecht hat das oft getan, am bekanntesten, weil am offensichtlichsten, in der Kontrafaktur von Neanders »Lobe den Herren, den mächtigen König der Ehren«. In der »Hauspostille« singt kein David vor der Bundeslade; aber der Anlaß des modernen Dichtens wird ganz deutlich, und es zeigt sich, daß das negierende Spiel mit der Überlieferung, weil es sich um Dichtung handelt, zugleich bitterer Ernst ist; ja die aufgehobene Tradition erweist sich als viel gegenwärtiger als die, welche nur noch Konvention ist.

1

Lobet die Nacht und die Finsternis, die euch umfangen!
Kommet zuhauf
Schaut in den Himmel hinauf:
Schon ist der Tag euch vergangen.

4

Lobet von Herzen das schlechte Gedächtnis des Himmels!
Und daß er nicht
Weiß euren Nam' noch Gesicht
Niemand weiß, daß ihr noch da seid.

5

Lobet die Kälte, die Finsternis und das Verderben!
Schauet hinan:
Es kommet nicht auf euch an
Und ihr könnt unbesorgt sterben. [26]

In einem kecken Vergleich zum Verfahren des letzten Gedichts könnte man sagen, wir hörten wiederum jeweils zwei Strophenhälften, von denen allerdings nur eine gedruckt ist; die andere setzt das Bewußtsein, weil es der ständigen, erinnernden Rückbeziehung so wenig entgeht, wie der Autor ohne sein Vorbild dichtet. Er kehrt den Gottespreis um, denn er ist von keinem Herrn ergriffen, sondern von der Bedrängnis der Vergänglichkeit und von der Frage, die Pascal so beschäftigte, ob es denn in diesem physischen Universum auf den Einzelnen ankomme. Und völlig konsequent setzt er nicht mit der Einzahl *Lobe* ein, welche im Original an die individuelle Seele sich wendet, sondern an eine kollektive Mehrzahl adressiert er sein *Lobet,* an niemand und alle: »Sehet wie ihr lebet das Gras und das Tier Und es muß auch mit euch sterben.« Nicht Gott wird gepriesen, sondern Nacht und Finsternis, der »Baum, der aus Aas aufwächst, Kälte ... und Verderben«. Wenn in dieser Betrachtung von Nihilismus die Rede war, so zeigt sich jetzt nicht nur dessen Konsistenz, sondern auch sein Rang. Es sind keine Trotznegationen, sondern poetische Verwirklichungen der Glaubenslosigkeit, die ein wissenschaftliches Zeitalter nicht zugibt. Es geht dem jugendlichen Dichter um die Grundwahrheiten, welche die Prämissen des Glaubens einer noch glaubenden Welt waren: der Mensch wird gezeugt, hat Lust und stirbt wie ein Tier; aber daß er dies weiß, macht einen wesentlichen Teil seiner Humanität aus; daß sie dies Wissen artikuliert, einen wesentlichen Teil dieser Poesie, eine der Positionen, die sie nicht aufgibt. Hatte sie, beim Gebrauch der lyrischen Bilder, den Rückzug auf deren ursprüngliche, in den poetischen Literaturgeschichten verbrauchten Potenzen versucht (ein Rückzug, der um zu gewinnen aufgeben mußte); so zieht sie sich in ihrer antimetaphysischen Bemühung hier auf den Grund jeglichen Glaubens zurück: »die Nacht und die Finsternis, die euch umfangen ... Schaut in den Himmel hinauf Schon ist der Tag euch vergangen.« Waren vordem tausend Jahre im Angesicht Gottes wie ein Tag, so ist hier ein Tag nichts im Blick in den Himmel, der über der Erde, über dem Nichts ist. Der Vers gewinnt seine Tiefe durch eine lyrische Unschärfe: der Tag ist vergangen, weil Nacht ist für den zum Himmel Blickenden; aber er vergeht auch, indem ein Mensch zum Himmel geblickt hat. Vergleichbare Ambiguität haben die letzten beiden Zeilen des Großen Dankchorals; »Ihr könnt unbesorgt sterben« – das heißt sterben, nicht versorgt mit den Tröstungen, das heißt aber auch: sorglos, denn »Es kommt nicht auf euch an.«

Die gesamte Poesie des jungen Brecht widerlegt seine Sorglosigkeit; wäre diese nicht der Deutung bedürftig, so würde sie nicht thematisch. Das Thema ist allbeherrschend, in der Sinnenfreude und im Todesgedanken. Der sich entziehende, indefinite *Er* im »Lied der Schwestern« mag ein ersehnter Mann, mag ein Deus oder Mythus absconditus sein: am Ende wird nur noch sein aufgelöstes Gesicht erhofft. Ob *Er* Gott oder Mensch sei, kommt in dieser Welt auf eines heraus. Ein der Sentimentalität nicht ermangelndes frommes Kinderlied des 19. Jahrhunderts sang »Gott der Herr rief sie mit Namen« und fuhr fort

> *Gott im Himmel hat an allen*
> *Seine Lust, sein Wohlgefallen,*
> *Kennt auch dich und hat dich lieb ...* [27]

Im Neanderton lautet nun die Kontrafaktur, die Vergeßlichkeit des Himmels lobend:

> *Und daß er nicht*
> *Weiß euren Nam' noch Gesicht*
> *Niemand weiß, daß ihr noch da seid.*

Oder wie es in den berühmten Versen »Vom ertrunkenen Mädchen« heißt:

> *Als ihr bleicher Leib im Wasser verfaulet war*
> *Geschah es (sehr langsam), daß Gott sie allmählich vergaß*
> *Erst ihr Gesicht, dann die Hände und ganz zuletzt erst ihr Haar.*
> *Dann ward sie Aas in Flüssen mit vielem Aas.* [28]

Die Frage bleibt offen, ob die Kontrafakturen sich ableiten aus der Negation oder der Entbehrung. Gewiß ist, daß die Themen des jungen Brecht elementaren menschlichen Erfahrungen verdankt werden, so wie ihre dichterische Verwirklichung sich auf die Elemente der lyrischen Poesie gründet. Darauf sei nun ein letzter Blick geworfen.

Es ist nämlich merkwürdig, daß diese Gedichte so sehr als ein Kunstganzes erscheinen, obgleich sie den idealen Zusammenhang leugnen, von dem die klassischen Texte ausgingen. Sie sprechen nicht allein unser Denkvermögen an, sondern auch unsern ästhetischen Sinn; noch der Brecht der dreißiger Jahre hatte sich gegen den Satz eines Mathematikers verwahrt, der beim Anschauen von Goethes Iphigenie gesagt haben soll: »gut, aber was beweist das?«[29] Unser Autor, schon ganz der Lehrdichtung verschrieben, wandte ein, daß nicht nur die Iphigenie, daß auch lyrische Gedichte etwas beweisen, wiewohl nicht more geometrico, aber auch nicht durch die Schlüssigkeit der Darlegung oder durch die Übertragung von Stimmungen. »Es wird sich herausstellen«, so schrieb er, »daß wir nicht ohne den Begriff Schönheit auskommen.«[30] Daß kein klassischer Schönheitsbegriff gemeint sein kann, versteht sich; der setzte eine Art von Universaltheorie voraus – man verzeihe die um der Kürze willen simplifizierende Redeweise –, welche im Kunstwerk zur Erscheinung kam; dies galt den Klassikern als der sinnfällig gewordene Sinnzusammenhang. Goethes und Schillers Votivtafeln schreiben:

Ein Unendliches ahndet, ein Höchstes erschafft die Vernunft sich,
In der schönen Gestalt lebt es dem Herzen, dem Blick.[31]

Diesen Versen ist die Überschrift »Das Göttliche« vorangesetzt, und das allein macht schon deutlich, weshalb wir hier mit der an diesen modernen Dichter gerichteten klassischen Frageweise nicht vorankommen. Auch der Hexameter eines anderen Goethe-Schillerschen Distichon, das »Schönheit« überschrieben ist, hilft wegen der darin vorausgesetzten sinnvoll-unvergänglichen Universalität nicht weiter angesichts der Gedichte des Lyrikers, die alles darauf anlegen, jene zu leugnen:

Schönheit ist ewig nur Eine, doch mannichfach wechselt das Schöne,

aber mit dem Pentameter werden wir etwas anfangen können:

Daß es wechselt, das macht eben das Eine nur schön.[32]

Wir brauchen nur (ein folgenreiches nur) an die Stelle des von Goethe und Schiller wie der Name Gottes großgeschriebenen göttlichen Einen, das die Dauer im Wechsel verbürgt, ein kleingeschriebenes zu setzen – das einzelne Gedicht. Die Wechsel machen es schön. Werfen wir einen letzten Blick auf das »Lied der Schwestern«. Wir haben schon von Wechsel und Wiederkehr darin gesprochen. Allerdings im Hinblick auf Inhaltliches und den Zeitverlauf. Der letztere wurde im Progreß des Gedichtes auch daran erkennbar, daß ein scheinbar Gleiches verändert erschien. »Und man sagte uns« verwies den Hörer zurück auf das »sagt man«, mit dem das Gedicht beginnt, und es weist voraus auf das nächste »sagt man«. Es sind dieselben Worte und doch nicht dieselben; sie werden anders gesetzt und erscheinen in jeweils anderem Kontext. Aber für das erinnernde Ohr des Hörers setzen die wechselnden Wendungen Proportionen; die Variation zu erkennen befriedigt. Das ganze Gedicht ist durchzogen von solchen scheinbar sehr einfachen inneren Verhältnissen, als Abwandlung oder auch als Satz und Gegensatz erscheinend. So entspricht der Eröffnung »In den finstern Wäldern« durchaus die kontrastierende Auflösung des Endes »Weiß, vom Wind verweht …« Derart sinnliche Reize werden zunächst nicht vom Bewußtsein des Hörers analysiert, sondern sein ästhetisches Vermögen nutzt sie als Erkennungszeichen des poetischen Ganzen, dem sie immanent sind. Die Spannung, welche im Großen zwischen Anfang und Schluß wirkt, ist in den Kräften und Gegenkräften enthalten, welche schon in den kleinsten Einheiten wirksam werden. Da spielen die Variationen innerhalb der einzelnen Strophen: »In den finstern Wäldern – Aber aus den Wäldern; sieht man viele stehn – keiner hatte ihn gesehn; in weißen Wolken – weiß vom Wind verwehet«; oder sie schaffen Beziehung von Strophe zu Strophe, welche dann durch die Abwandlung ebensowohl Distanz setzt: »Wächst er auf wie fremdes sanftes Vieh – Mit den Bäumen wächst er sanft und still«; usw. Dies alles geht keineswegs zufällig vor sich, sondern folgt bestimmten Grundfiguren, sowohl im einzelnen wie im Ganzen, die man am ehesten mit Satz, Gegensatz und Auflösung bezeichnen kann. Am geschwindesten leuchtet das ein, wenn man sich des Spiels mit *Viele – aber keiner* erinnert, dessen immer erneute Abwandlung erst mit der letzten Strophe zur Ruhe kommt oder aufgehoben wird. Ein solches Widerspiel von Kräften und Gegenkräften, realisiert in Laut und Rhythmus, in den Abwandlungen und Gegenstellungen der Syntax wie der Bilder, konstituiert das Gedichtganze als Kunstganzes. Schön daran ist, daß diese fremde Welt als Kunstwelt erkennbar und zusammenhängend erscheint.

Hier, wo wir uns Goethe – Schillers Votivtafel

Schönheit ist ewig nur Eine, doch mannichfach wechselt das Schöne,
Daß es wechselt, das macht eben das Eine nur schön.

am nächsten glauben könnten, sind wir am entferntesten vom klassischen Denken. Denn der Wechsel ist durchaus kunstimmanent geworden, er findet statt im Gedicht und dient dazu, es von der Welt zu unterscheiden; er ist nicht mehr Abbild, Spiegel eines harmonisch-schönen Ganzen, auf welches das Gedicht wiese. Vielmehr endet der schöne im Gedicht gesetzte Wechsel mit ihm, vergänglich wie seine Gegenstände. Die Schönheit ist aufgehoben im Gedicht, und nicht absichtslos verwende ich dies Verbum. Es soll daran erinnern, wie die ästhetischen Grundfiguren des jungen Brecht, der noch sein marxistisches Damaskus nicht erlebt hatte, die Denkfiguren vorwegnehmen, die dieses begründen. In der Kunst kann Spiel sein, was im Denken und im Leben zum System drängt.

Wir hatten anfangs gefragt, warum Walter Benjamin (dessen Rat wir zu folgen versuchten) den Verlust der ersten Ausgaben von Kafkas Prozeß und Brechts Hauspostille so besonders schmerzlich empfunden haben mochte. Doch wohl, weil mit diesen beiden großen Büchern zwei grundsätzlich dichterische Möglichkeiten auf damals zeitgenössische Weise verwirklicht waren. Im gleichen Jahr, in dem Benjamin den Verlust beklagt hatte, besuchte er Brecht in dessen dänischem Exil. Man unterhielt sich über Kafka; Benjamin notierte in sein Svendborger Tagebuch:

> ... all dies läuft auf die Unterscheidung zweier literarischer Typen hinaus: des Visionärs, welchem es ernst ist auf der einen und des Besonnenen, dem des nicht ganz ernst ist auf der andern Seite.[33]

Und aus dem gleichen Gespräch ist ein denkwürdiger Ausspruch Bertolt Brechts festgehalten:

> Ich denke oft an ein Tribunal, vor dem ich vernommen werden würde. »Wie ist das? Ist es Ihnen eigentlich ernst?« Ich müßte dann anerkennen: ganz ernst ist es mir nicht.[34]

Wenn man das Spiel der Poesie des jungen Brecht verstanden hat, so bemerkt man, daß dieser Satz des älteren sehr ernst war.

Literaturhinweise

Benn, G., Frühe Lyrik und Dramen, Wiesbaden 1952 (Frühe Lyrik).
- Frühe Prosa und Reden, Wiesbaden 1950 (Frühe Prosa).
Brecht, B., Gedichte, Frankfurt 1960 ff. (Gedichte).
Brentano, C., Gesammelte Werke, hg. von H. Amelung und K. Viëtor, Frankfurt 1923 (Brentano).
Eichendorff, J. v., Werke, hg. von W. Kosch, Regensburg o. J. (Eichendorff Werke).
- Geschichte der poetischen Literatur Deutschlands, hg. von W. Kosch, Kempten und München 1906 (Eichendorff).
Erk-Böhme, Deutscher Liederhort, Auswahl der vorzüglicheren deutschen Volkslieder, Leipzig 1893 f. (Erk-Böhme).
Goethe, J. W. v., Werke, herausgegeben im Auftrage der Großherzogin Sophie von Sachsen, Weimar 1887 ff. (W. A.; Bände ohne voraufgehende römische Ziffer gehören in die erste Abteilung).
- Maximen und Reflexionen, hg. von Max Hecker, Weimar 1907 (Hecker).
- Gespräche, hg. von F. v. Biedermann, Leipzig 1905 ff. (Gespr.).
(F. v. Hardenberg) Novalis' Schriften, hg. von P. Kluckhohn und R. Samuel, Leipzig 1929 (Novalis).
Herder, J. G. v., Sämtliche Werke, hg. von B. Suphan, Berlin 1877 ff. (Herder).
Heine, H., Sämtliche Werke, hg. von E. Elster, Leipzig und Wien o. J. (Heine).
Hofmannsthal, H. v., Gesammelte Werke in Einzelausgaben, hg. von H. Steiner, Stockholm 1946 ff. (Hofmannsthal).
Hölderlin, F., Sämtliche Werke, hg. von N. v. Hellingrath u. a., Berlin 1923 (Hellingrath).
- Sämtliche Werke, Große Stuttgarter Ausgabe, hg. von F. Beißner, Stuttgart 1943 ff. (Hölderlin).
Mörike, E., Werke, hg. von Harry Mayne, Neue kritisch durchgesehene und erläuterte Ausgabe, Leipzig o. J. (Mörike).
Trakl, G., Dichtungen, hg. von K. Horwitz, Zürich 1946 (Trakl).
- Aus goldenem Kelch, Die Jugenddichtungen, Salzburg 1949 (Jugenddichtungen).
- Nachlaß, Salzburg 1949 (Nachlaß).
- Der Brenner, Halbmonatsschrift hg. von Ludwig von Ficker, IV. Band, Innsbruck 1913/14 (Brenner).

Kommerell, M., Gedanken über Gedichte, Frankfurt 1943.
Muschg, W., Tragische Literaturgeschichte, Bern 1953 (Muschg).
Staiger, E., Grundbegriffe der Poetik, Zürich 1951 (Grundbegriffe).
Vischer, F. Th., Aesthetik oder Wissenschaft des Schönen, hg. von R. Vischer, München 1923 (Vischer).

Anmerkungen

Das Motto: John Keats. Poems; London, J. M. Dent 1947, S. 195.

Einleitung

1 Anthol. lyrica, carm. popul. 36 D, Übersetzung W. Schadewaldt.

2 In der Reihenfolge der Zitate: Albrecht von Johansdorf, Des Minnesangs Frühling 90, 32; Alanus de Insulis nach Raby, Mediaeval Christian Poetry, Oxford 1953, S. 302; William Shakespeare (?), Bridal Song, Oxford Book of 26th Century Verse, Oxford 1950, S. 674; Erk-Böhme, Band II, S. 246; A. v. Arnim. Werke, hg. R. Steig, Bd. 1, Leipzig o. J., S. 121; Hölderlin, 2, S. 335; St. Mallarmé, Poésies, Paris (Gallimard) 1945, S. 26; G. Heym, Gesammelte Gedichte, Zürich 1947, S. 174; G. Benn, Frühe Lyrik und Dramen, Wiesbaden 1952, S. 48; M. Moore, Collected Poems, London 1951, S. 22.

3 The Oxford Book of Ballads, Oxford o. J., S. 329.

Das wahre Bild: Johann Wolfgang von Goethe

1 WA 42^1, S. 173.
2 Staiger, S. 83.
3 Staiger, S. 53, 64 u. a.
4 WA 4, S. 109.
5 WA III, 11, S. 241 ff.
6 WA 42^1, S. 175.
7 Gespräche 4, S. 309.
8 WA 42^1, S. 171.
9 Gespräche 4, S. 215.
10 Gespräche 3, S. 245.
11 Hecker, Nr. 1136.
12 Hecker, Nr. 1136.
13 WA II, 11, S. 167.
14 Hecker, Nr. 1002.
15 WA 4, S. 125.
16 Gespräche 3, S. 104 f.
17 WA II, 11, S. 56 f.
18 WA 41^1, S. 128.
19 Hecker, Nr. 1113.
20 WA 41^2, S. 160.
21 WA 2, S. 3.
22 WA 2, S. 13.
23 WA 41^1, S. 335.
24 WA 41^1, S. 329.
25 Hecker, Nr. 510.
26 R. Steig, Goethesche Handschriften … in: Jahrbuch des Freien deutschen Hochstifts, 1910, S. 351.
27 WA IV, 20, S. 4.
28 Gespräche 3, S. 325.
29 Gespräche 4, S. 101.
30 Gespräche 2, S. 145.
31 WA IV, 42, S. 108 f.
32 Hecker, Nr. 1070.
33 WA 4, S. 66.
34 WA IV, 20, S. 192.
35 WA 41^2, S. 279.
36 WA 42^1, S. 171.
37 Hecker, Nr. 1076.
38 WA I, S. 83.
39 WA II, 11, S. 167.
40 Hecker, Nr. 510.
41 Hecker, Nr. 1376, vgl. WA II, 11, S. 162.
42 Gespräche 1, S. 430.
43 Es ist schwer zu verstehen, daß Friedrich Meineckes großartiges Kapitel über Goethes Verhältnis zur Geschichte (Die Entstehung des Historismus, 2. Band, München und Berlin

1936, S. 480–631) von der Literaturwissenschaft kaum beachtet wird. Sie
vernachlässigt damit nicht nur eines
der schönsten Denkmäler der Goethe-
forschung, sondern auch einen wesentlichen Beitrag zu ihren eigenen Grund-
fragen.

44 Gespräche 2, S. 63.

45 Hecker, Nr. 1113.

46 Heine I, S. 256.

47 Benn, Frühe Prosa, S. 63.

48 Hecker, Nr. 1147.

49 Hecker, Nr. 328.

50 WA II, 11, S. 273.

51 WA II, 11, S. 46.

52 WA 3, S. 127.

53 Hölderlin 2, S. 189.

54 WA II, 11, S. 247.

55 WA 3, S. 125.

Welt in der Welt: Friedrich Hölderlin

Zunächst in ähnlicher Form unter dem Titel »Hölderlins Interpretation des
Pindarfragments 166 (Schr.)« erschienen in: Antike und Abendland, hg. von
B. Snell, Hamburg 1954, Marion v. Schröder Verlag, der diesen veränderten
Abdruck freundlichst gestattete.

1 Hölderlin 5, S. 289 f.

2 Odyssee XXI, 295 ff. (Voß).

3 Benjamin Hederichs Gründliches Mythologisches Lexicon etc.,
Leipzig 1770, Spalte 655.

4 Hellingrath 3, S. 259 ff.

5 Vergil Aeneis VII, 674 ff.

6 Hölderlin 2, S. 223.

7 Hölderlin 2, S. 223.

8 Hölderlin 2, S. 192.

9 Hölderlin 2, S. 191.

10 Vgl. Hölderlin 2, S. 816.

11 Vgl. Hölderlin 2, S. 190, v. 16.

12 Hölderlin 2, S. 144, v. 64–75.

13 Plutarch de Mus. 40.

14 Hölderlins Ode »Chiron« eröffnet einen weiteren mythischen Bereich. Sie wird hier nicht behandelt,
vielmehr sei auf E. Staigers schöne
Deutung in Trivium, Jg. 1, Heft 4,
S. 1 ff., verwiesen.

15 Hölderlin 2, S. 162 f.

16 Hölderlin, S. 138.

17 Die hier mit Gewißheit vorliegende mythologische Anspielung habe
ich nicht aufklären können.

18 Hölderlin 2, S. 144.

19 Hölderlin 2, S. 144.

20 Hölderlin 2, S. 338.

21 Über den Ursprung der Übersetzung den Tisch (Objekt) vgl. Gün-
ther Zuntz, Über Hölderlins Pindar-
Übersetzung, Diss. Marburg 1928,
S. 7.

22 Prob. Verg. Georgic. IV, 371.

23 Schr., vgl. auch κέρας 'Ωκεα-
νοῖο Hes. Th. 789.

24 Georgica IV, 371.

25 WA 2, S. 3.

26 Hölderlin 2, S. 159.

27 Hölderlin 2, S. 128.

28 Hölderlin 5, S. 290 (vgl a. S. 31).

29 Hölderlin 2, S. 68.

30 Hesiod Theog. 346 ff. (Schef-
fer).

31 Hölderlin 5, S. 87.

32 H. Kuhn, Heideggers »Holzwe-
ge«, Archiv für Philosophie, Bd. 4,
S. 255.

33 dessen Bedeutung mit Staigers
Hinweis (Trivium, a. a. O. S. 13) nicht
erschöpft ist.

34 Hölderlin 2, S. 125 v. 67 und
S. 327, Bruchstück 46, u. a.

35 Hölderlin 2, S. 184.

36 Hölderlin 2, S. 115.

37 Hölderlin 2, S. 149.

38 Hellingrath 3, S. 266 f.

39 Hölderlin 5, S. 287.

40 Vgl. Patmos, v. 126, wo zweifach Erkannt, einstimmig War himmlischer Geist, und in späterer Fassung:
wo zweifach besorgt, übereins war
himmlischer Geist (Hölderlin 2, S. 169

und 177). Dazu die Tatsache, daß Chiron zweigestalt ist und deren Deutung durch Staiger a.a.O.

41 Hellingrath 3, S. 266.
42 Hellingrath 3, S. 267.
43 Hölderlin 2, S. 189.
44 von mir hervorgehoben.
45 Hellingrath 5, S. 369.
46 Hellingrath 5, S. 328.
47 nicht in dem so benannten Gedicht, sondern in der Pindar-Deutung.
48 Hölderlin 2, S. 328 f.
49 Hellingrath 3, S. 290.
50 Hellingrath 3, S. 307.
51 Hellingrath 3, S. 308.
52 Novalis 2, S. 384.
53 Novalis 2, S. 336.
54 Hellingrath 3, S. 303.
55 Friedrich Schlegel, Seine prosaischen Jugendschriften, hg. von J. Minor, 2. (Titel-) Auflage, Wien 1906, Bd. 2, S. 358 und 363.
56 Hölderlin 2, S. 276.

Gemüterregungskunst: Clemens Brentano

1 WA 41^2, S. 279.
2 Staiger, Grundbegriffe, S. 43.
3 Brentano 1, S. 51.
4 Brentano 2, S. 51 f.
5 Staiger, Grundbegriffe, S. 61.
6 Hecker, Nr. 1076.
7 WA 3, S. 355.
8 Herder 5, S. 185 ff.
9 Brentano 1, S. 2.
10 Brentano 1, S. 6.
11 Novalis 1, S. 28.
12 Novalis 1, S. 29.
13 Novalis 1, S. 31.
14 Novalis 1, S. 32.
15 Novalis 1, S. 33.
16 Novalis 1, S. 33.
17 Brentano 1, S. 3.
18 Novalis 3, S. 324.
19 WA 41^2, S. 280.
20 Hofmannsthal, Prosa II, S. 99 ff.
21 Rilke, Briefe aus Muzot, Leipzig 1937, S. 350.
22 Brentano 1, S. 21 f.
23 Staiger, Grundbegriffe, S. 72.
24 Staiger, Grundbegriffe, S. 52 f.
25 Hölderlin 2, S. 197.
26 E. Staiger, Die Zeit als Einbildungskraft des Dichters, Zürich 1953.
27 Kommerell, Gedanken, S. 23.
28 Vischer 6, S. 197.
29 Vischer 6, S. 201.
30 Vischer 6, S. 201 ff.
31 Vischer 6, S. 204.
32 Vischer 6, S. 207 f.
33 Staiger, Grundbegriffe, S. 63 f.
34 Eichendorff, S. 419. 425.

In des Schönen Gestalt, ewige Mächte: Eduard Mörike

1 Mörike 1, S. 118.
2 Mörike 2, S. 153.
3 Mörike 3, S. 235.
4 Mörike 1, S. 94.
5 Mörike 1, S. 95.
6 Hölderlin 2, S. 335.
7 Mörike 1, S. 122.
8 Mörike 1, S. 97.
9 Mörike 1, S. 118.
10 Novalis 1, S. 28.
11 Mörike 1, S. 85.
12 Ebenda.
13 Mörike 2, S. 237.
14 Mörike 1, S. 52.
15 Mörike 1, S. 43.
16 Mörike 1, S. 45.
17 Mörike 2, S. 288.
18 Mörike 1, S. 158.
19 Mörike 1, S. 46.
20 Mörike 1, S. 95.
21 Mörike 1, S. 45.
22 Mörike 1, S. 143.
23 Mörike 1, S. 160.
24 Mörike 1, S. 46.
25 Mörike 1, S. 100.
26 Mörike 1, S. 119.

27 Mörike 1, S.104.
28 Ebenda.
29 Mörike 1, S.129.
30 Mörike 1, S.126.
31 Mörike 2, S.119f., vgl. hierzu auch Adolf Beck in: Euphorion XLVI (1952), S.370ff.
32 Mörike 2, S.118.

33 Mörike 1, S.76.
34 Schwäbischer Schillerverein Marbach-Stuttgart 17. Rechenschaftsbericht über das Jahr 1912/13, S.113ff.
35 Mörike 1, S.45.
36 Mörike 1, S.285.
37 Mörike 2, S.346.
38 Mörike 1, S.97.

Der Tränen nächtige Bilder: Trakl und Benn

1 Verlaine, Oeuvres poétiques complètes, ed. Y.G.Dantee, Paris 1954, S.183.
2 Trakl, S.109.
3 Die von W.Schneditz in Salzburg herausgegebene Edition der Werke Georg Trakls, welche nicht genügen kann, soll durch eine vom Verfasser im Verein mit Hans Szklenar vorbereitete kritisch-historische Ausgabe ersetzt werden.
4 Trakl, S.81.
5 Trakl, S.12.
6 Trakl, S.127.
7 Trakl, S.180.
8 Trakl, S.77.
9 Trakl, S.101; 137.
10 Jugenddichtungen, S.35.
11 Jugenddichtungen, S.175.
12 Nachlaß, S.9.
13 Nachlaß, S.163.
14 Nachlaß, S.190.
15 Brenner 4, S.480.
16 Trakl, S.136.
17 Brenner 4, S.304.
18 Trakl, S.129.
19 Trakl, S.123.
20 Brenner 4, S.64.
21 Trakl, S.10.
22 Trakl, S.34.
23 WA 51, S.131.
24 Trakl, S.16.
25 Trakl, S.41.
26 Trakl, S.144; 83.
27 Nachlaß, S.9.
28 Trakl, S.173.
29 Trakl. S.82.
30 Trakl, S.10.
31 Nachlaß, S.16.

32 Nachlaß, S.47.
33 Trakl, S.80.
34 Trakl, S.80.
35 Trakl, S.81.
36 Trakl, S.166.
37 Trakl, S.100.
38 Trakl, S.142.
39 Nachlaß, S.40.
40 Trakl, S.64; man vergleiche zu diesem Gedicht Rimbaud's »Au bois il y a un oiseau (Enfance IV)«, um die enge und im einzelnen ganz ungeklärte Beziehung zwischen dem sog. deutschen Expressionismus und den sog. Symbolisten an einem schönen Beispiel zu erkennen.
41 Trakl, S.136.
42 Trakl, S.146.
43 Trakl. S.189.
44 Vgl. Anm.1.
45 Benn, Frühe Lyrik, S.16.
46 Erk-Böhme 2, S.367.
47 Geibel, Gedichte, S.131.
48 Geibel, Gedichte, S.123.
49 Muschg, S.166.
50 Muschg, S.295.
51 Benn, Frühe Prosa, S.80.
52 Benn, Frühe Prosa, S.150.
53 J.Keats, Poems, London, J.M.Dent, 1947, S.195.
54 Vgl. S.78.
55 Benn, Frühe Prosa, S.136.
56 Benn, Frühe Prosa, S.97.
57 Benn, Frühe Lyrik, S.95.
58 Benn, Frühe Prosa, S.107.
59 Benn, Frühe Prosa, S.138.
60 Benn, Frühe Prosa, S.83.
61 Benn, Frühe Prosa, S.57.
62 Benn, Frühe Lyrik, S.91.

63 Benn, Frühe Lyrik, S. 125; 109; Frühe Prosa, S. 128, u. a.
64 Benn, Frühe Prosa, S. 124.
65 Benn, Frühe Prosa, S. 63.
66 Nachlaß, S. 23.
67 Trakl, S. 190.

68 Benn, Frühe Prosa, S. 129 f.
69 Benn, Frühe Prosa, S. 70 f.
70 C. Justi, Winckelmann und seine Zeitgenossen, 4. Aufl., Leipzig 1943, Bd. 1, S. XXX f.
71 Trakl, S. 164.

Das Nichts gegenüber: Der junge Brecht

1 W. Benjamin, Briefe, hg. G. Scholem u. Th. W. Adorno, Bd. 2, Frankfurt 1966, S. 598.
2 W. Benjamin, Versuche über Brecht, hg. R. Tiedemann, Frankfurt 1966, S. 49.
3 WA I, 41[1], S. 329.
4 Gedichte 2, S. 55.
5 Gedichte 1, S. 73.
6 WA 41[1], S. 335.
7 Gedichte 1, S. 111.
8 Gedichte 2, S. 49 f.
9 Gedichte 1, S. 149.
10 WA I, 1[1], S. 3.
11 Ebd. S. 7.
12 F. Nietzsche, Der Wille zur Macht, Stuttgart (Kröner) 1952, S. 15.
13 Gedichte 2, S. 87.
14 Heine I, S. 55.
15 B. Brecht, Über Lyrik, Frankfurt 1964. S. 30.
16 Gedichte 1, S. 64.
17 WA I, 42[1], S. 175.

18 Gedichte 1, S. 7.
19 Gedichte 1, S. 47.
20 Gedichte 1, S. 48.
21 WA I, 1[1], S. 64.
22 Apokalypse 17, 1–5; 18,5.
23 WA I, 1[1], S. 64.
24 Gedichte 1, S. 49.
25 Vgl. Heraklit, Fragment Nr. 12 (Diels): »Wer in dieselben Fluten hinabsteigt, dem strömt stets anderes Wasser zu.«
26 Gedichte 1, S. 74 f.
27 Unser Liederbuch. Für die Schuljahre 1–4 hg. P. Fuchs, W. Gundlach, Stuttgart 1967, S. 95.
28 Gedichte 1, S. 131.
29 Über Lyrik. S. 50.
30 Ebd. S. 51.
31 WA I, 5[1], S. 309.
32 Ebd.
33 Versuche über Brecht, S. 119.
34 Ebd. S. 118.